UNIVERSITÉ DE MONTPELLIER

FACULTÉ DE DROIT

DES

RESTRICTIONS CONVENTIONNELLES

A LA LIBERTÉ

DU COMMERCE ET DE L'INDUSTRIE

THÈSE POUR LE DOCTORAT

ÈS SCIENCES JURIDIQUES

PAR

Ernest NICHET

Avocat près la Cour d'appel

MONTPELLIER

IMPRIMERIE CENTRALE DU MIDI

(HAMELIN FRÈRES)

1900

DES

RESTRICTIONS CONVENTIONNELLES

A LA LIBERTÉ

DU COMMERCE ET DE L'INDUSTRIE

UNIVERSITÉ DE MONTPELLIER

FACULTÉ DE DROIT

MM.

VIGIÉ, doyen, professeur de Droit civil, chargé du cours d'Enregistrement.

BRÉMOND, assesseur, professeur de Droit administratif.

GIDE, professeur d'Economie politique, en congé.

LAURENS, professeur de Droit civil, en congé.

GLAIZE, professeur de Procédure civile, chargé des cours des voies d'exécution et de législation financière.

LABORDE, professeur de Droit criminel, chargé du cours de Législation et Economie industrielle.

CHARMONT, professeur de Droit civil, chargé des cours de Législation notariale et de Droit civil approfondi.

CHAUSSE, professeur de Droit romain.

MEYNIAL, professeur d'Histoire du Droit.

BARDE, professeur de Droit constitutionnel, chargé du cours de Droit civil dans ses rapports avec le notoriat.

DECLAREUIL, professeur de Droit romain, chargé des cours de Pandectes et d'Histoire du Droit public français.

VALÉRY, professeur de Droit commercial, chargé du cours de Droit international privé.

PERREAU, Agrégé, chargé d'un cours de Droit civil.

MOYE, Agrégé, chargé des cours de Droit international.

LÉVY-ULLMANN, Agrégé, chargé d'un cours de Droit civil.

RIST, Agrégé, chargé d'un cours d'Economie politique et du cours d'Histoire des doctrines économiques.

GARIEL, chargé d'un cours d'Economie politique, en congé.

BIGALLET, chargé d'un cours d'Economie politique.

GRANGÉ, secrétaire.

GIRAUD, secrétaire honoraire.

MEMBRES DU JURY

MM. **VALÉRY**, président.

CHARMONT,

LÉVY-ULLMANN. } assesseurs.

UNIVERSITÉ DE MONTPELLIER
FACULTÉ DE DROIT

DES

RESTRICTIONS CONVENTIONNELLES
A LA LIBERTÉ
DU COMMERCE ET DE L'INDUSTRIE

THÈSE POUR LE DOCTORAT
ÈS SCIENCES JURIDIQUES

PAR

Ernest NICHET

Avocat près la Cour d'appel

MONTPELLIER
IMPRIMERIE CENTRALE DU MIDI
(HAMELIN FRÈRES)

1900

A MON PÈRE ET A MA MÈRE

AUX MEILLEURS DES GRANDS-PARENTS

A MA FAMILLE

E. NICHET.

A MES MAITRES

A MES AMIS

E. NICHET.

BIBLIOGRAPHIE

ALLART. — Traité théorique et pratique de la concurrence déloyale (Paris, Rousseau, 1892).

BAUDRY-LACANTINERIE et WAHL. — Du louage (Paris, Larose, 1898).

BABLEYD. — Les syndicats de producteurs et détenteurs de marchandises, au double point de vue économique et pénal (Paris, 1892).

BEDARRIDE. — Des sociétés (Paris, 1872).

BLANC. — Traité de la contrefaçon et de sa poursuite en justice (Paris, Plon et Cosse, 1855).

BROUILHET. — Essai sur les ententes commerciales et industrielles et les transformations qu'elles pourraient apporter dans l'ordre économique actuel (Thèse Lyon, 1895).

CAUWÈS. — Cours d'économie politique (Paris, 1892).

COUHIN. — Marques de fabrique et concurrence déloyale (Paris, 1898).

HOUPIN. — Traité théorique et pratique des sociétés civiles et commerciales (Paris, Larose, 1895).

LALLIER. — De la propriété des noms et des titres (Paris, 1890).

LEVASSEUR. — Histoire des classes ouvrières en France depuis Jules César jusqu'à la Révolution.

— Depuis 1789 jusqu'à nos jours (Paris, Hachette, 1867).

Lèbre.— Traité pratique et théorique des fonds de commerce (Paris, 1887).

Lyon-Caen et Renault. — Traité de droit commercial, (2ᵐᵉ édition, Paris, 8 vol., 1888 à 1899).

Pellissier. — Vente de fonds de commerce (Paris, 1898).

Pouillet. — Des marques de fabrique et de la concurrence déloyale (Paris, 1875).

Rendu. — Nom commercial et concurrence déloyale (Paris, 1879-1881).

Ripert. — Vente commerciale (Paris, Marescq, 1875).

Ruben de Couder. — Dictionnaire de droit commercial (Paris, 1879).

Thaller. — Traité élémentaire de droit commercial (Paris, 1898, 2ᵐᵉ édit., 1899).

Straffa. — Le clauzole di concorrenza (Turin, 1898):

Tournier. — De la condamnation à des dommages-intérêts comme moyen de contrainte (Montpellier, 1896).

Annales de droit commercial.

Dalloz. — Code civil annoté.

Fuzier-Hermann. — Répertoire.

Pandectes françaises.

Gazette du Palais : Encyclopédie du droit français.

Lemberg. — Vertragmässige Beschrankungen der Handels und Gesverbefreiheit (Breslau, 1888).

Ehrenberg. — Das Wesen der Firma, zugleich ein Bertrag zur Lehse von den negativen Verbindlichkeiten. (Z. für des gessammte Handelsrecht, vol. XXVIII, p. 25).

PRÉAMBULE

—

1. — Proclamer à notre époque que chacun peut travailler à sa guise, diriger comme il l'entend son activité dans telle ou telle branche de l'industrie humaine, c'est paraître énoncer un axiome banal ; en réalité, il n'est pas vrai d'une façon absolue. Le principe de la liberté du travail comporte de nombreuses restrictions, soit légales, soit conventionnelles, qui le limitent dans une importante mesure.

On pourrait se proposer de rechercher les cas divers dans lesquels le droit primordial de travailler à sa convenance reçoit une dérogation ; mais donner une telle extension à une étude sur les exceptions que peut comporter le droit de travailler librement, serait entreprendre une tâche de trop longue haleine. Nous pensons qu'en bornant nos recherches à la découverte et l'analyse des hypothèses dans lesquelles la règle de la liberté du travail reçoit des restrictions conventionnelles, nous ferons œuvre suffisamment intéressante et utile.

2. — Dans quelle mesure la convention des parties peut-elle porter atteinte au principe de la liberté du travail, que l'on s'accorde à reconnaître d'ordre public? Telle est la question que nous allons examiner. Nous nous demanderons, en d'autres termes, comment il est possible de concilier le respect dû à la liberté du travail avec celui que l'on doit à la liberté des conven·tions ; nous nous efforcerons de trancher le sérieux conflit de ces deux principes.

3. — Ce problème, nous avons à l'envisager dans deux groupes bien distincts d'hypothèses.

En premier lieu, dans le cas où les atteintes à la liberté du commerce se manifestent par des conventions intervenues entre individus faisant partie d'un groupe corporatif.

En deuxième lieu, dans celui où elles résultent de conventions souscrites par des commerçants isolés, soit à l'occasion d'un contrat de cession de fonds de commerce, ou de société, de louage de services ou de choses, ou de mandat, soit enfin dans la circonstance plus rare où aucune relation d'affaires préexistantes n'a rapproché les deux contractants.

4. — Les explications dans lesquelles nous allons entrer se référeront d'une façon générale aux restrictions

conventionnelles que peut subir le principe de la liberté du travail, c'est-à-dire aux limitations dont on peut concevoir qu'il soit affecté, à l'occasion de l'exercice d'une profession ou d'une entreprise industrielle et commerciale.

Mais comme les conventions restrictives du droit de travailler à sa volonté se rencontrent surtout dans les professions commerciales, c'est particulièrement dans ce groupe d'hypothèses que nos exemples seront choisis.

Nous laisserons de côté, dans les développements qui vont suivre, les restrictions à la liberté du travail, qui s'imposent aux individus qui embrassent certaines professions, pour nous en tenir strictement à l'étude des limitations à la liberté du travail dérivant, non pas d'une incompatibilité réglementaire, mais d'une convention expresse ou tacite.

INTRODUCTION. HISTORIQUE

---

5. — L'étude des questions que nous nous proposons
d'examiner n'est guère possible que depuis le jour
où la Révolution française a doté tous les citoyens
de cette liberté primordiale du travail, mère de
toutes les autres libertés. Notre ancienne France vivait
sous un régime qui en était la négation, celui des
corporations.

Ce régime, qui a précédé le régime actuel, n'était
pas né chez nous. La loi des Douze Tables men-
tionne déjà l'existence des collèges, dont l'organisation doit être contemporaine des premières institutions politiques et religieuses des Romains.

Le développement de l'esclavage plaçait les artisans libres dans des conditions d'infériorité notoire.
Ils étaient opprimés par la concurrence du travail
servile, qui leur enlevait la clientèle des riches;
ceux-ci préféraient l'esclave plus docile, qu'ils pouvaient manier et châtier à leur gré; ils trou-
vaient parmi leurs nombreux serviteurs, et avec
une main-d'œuvre moins onéreuse, de quoi satisfaire
leurs divers besoins. C'est pourquoi les collèges, qui

comprenaient les ouvriers libres, ne pouvaient prospérer ; ils étaient composés de la dernière classe des citoyens, classe méprisée, mise pour ainsi dire au ban d'une société à laquelle elle devait par suite être naturellement hostile ; mus par les agitateurs, les collèges se prêtèrent à tous les désordres des derniers temps de la République et devinrent un danger pour l'Etat.

Les premiers empereurs sentirent la nécessité de les soumettre à des autorisations ; ils n'autorisèrent d'abord que les professions les plus nécessaires, puis permirent l'organisation de tous les arts et métiers (1). Le travail isolé ne devenait plus possible en face de ces collèges et en présence des lois qui réglaient l'exercice de certaines professions ; le travailleur libre ne pouvait guère exister, et son intérêt le décidait à faire partie de la corporation.

Du reste, le commerce n'était pas permis à tout le monde ; les personnes nobles, riches ou revêtues de certaines dignités ne pouvaient s'y livrer. Et à ceux qui pouvaient faire le commerce, toutes entreprises n'étaient pas permises ; l'exportation des liquides, des armes, de l'or, était prohibée ; le commerce de la soie et de la teinture pourpre étaient réservés à l'empereur et à l'Etat, et la peine de mort punissait toute immixtion dans ces diverses branches de l'industrie.

(1) Voyez Dalloz, *Economie politique*, n° 54. — *Industrie et Commerce*, page 646.

Peu à peu, grâce à la paix et à l'augmentation des affranchissements, la classe ouvrière libre prit plus d'importance et put soutenir victorieusement la concurrence ; plus les esclaves devenaient rares, plus ils devenaient chers, ce qui augmentait le prix de la main-d'œuvre. Alexandre Sévère, dans l'intérêt du commerce et de l'approvisionnement de Rome, favorisa les associations ouvrières. Les séditions n'étaient plus à craindre de la part de ces collèges ; en les protégeant, l'Empereur protégeait les ouvriers, tout en les gouvernant mieux.

6. — C'est de ces collèges des Romains que sont nées les corporations d'arts et métiers qui, au moyen âge, couvrirent l'Europe. Elles passèrent dans la Gaule, transformée par la civilisation romaine ; en grande partie barbare quand César la conquit, elle était civilisée sous Auguste, et, sous les Antonins, elle était la plus florissante, la plus romaine des provinces de l'Empire. Les esclaves étant moins nombreux, les collèges y furent moins méprisés et moins agités, et ils contribuèrent à la prospérité du pays.

Sur ce qui avait été conservé du régime municipal des Romains, vinrent se greffer les usages féodaux ; l'investiture devint nécessaire pour passer maître et faire partie d'une corporation. Le servage avait remplacé l'esclavage, et le seigneur vendait au serf son affranchissement ; mais, malgré l'émancipation des travailleurs et la création des communes, le travail était loin d'être libre ; il était entravé par une régle-

mentation minutieuse, par le despotisme des corporation et de l'État. Les travailleurs, pour conserver leur
indépendance, pour se défendre de la tyrannie des
seigneurs, s'unissent, forment des associations qu'ils
placent sous la protection du roi.

Mais celui-ci n'accorde pas gratuitement sa protection; il y met des conditions, et c'est ainsi que le droit
féodal du travail se transforme en un droit domanial
et royal.

Saint Louis, le premier, réglementa le travail, ou
plutôt, constata officiellement les règlements en
usage. L'apprentissage est nécessaire pour arriver à
la maîtrise, c'est-à-dire au droit de travailler et de
participer au monopole d'une corporation; saint
Louis voulait « que chacun ne fît que son métier, afin
de le bien faire et de ne tromper personne. » Il sépara
officiellement les professions, en défendant le moindre
empiètement : les savetiers ne pouvaient raccomo-
der des souliers et les remettre à neuf de plus des
deux tiers, sous peine d'emprunter sur la préroga-
tive des cordonniers. Les procédés de fabrication
étaient réglés d'avance, et il fallait les suivre ; on
n'avait le droit d'employer que des matières premières déterminées. Bien que l'apprentissage soit nécessaire, il est moins long lorsque l'apprenti paye, et les
enfants des maîtres sont exemptés de ces règles. Les
droits féodaux n'ont pas disparu ; ils ont été simplement transformés en droits royaux, et il faut acheter
des officiers du roi le métier ou droit de travailler.

C'est ainsi que le droit au travail, par cet esprit des corporations, par les exigences du fisc était transformé en un privilège dont était privée la classe la plus nombreuse, celle qui en aurait eu le plus besoin : le travail restait l'apanage des riches. Les statuts excluaient du métier quiconque n'était pas membre de la communauté, le nombre des maîtres était restreint, par les difficultés d'acquisition de la maîtrise ; les frais et les formalités de réception étaient multipliés, l'épreuve du chef-d'œuvre était difficile, et son examen n'était pas passé avec toute l'impartiailté nécessaire ; l'apprentissage était cher, sa longueur invariable était souvent inutile ; le compagnonnage était une bien grande servitude. Certaines communautés excluaient tout autre que le fils du maître ou le second mari de sa veuve ; d'autres excluaient de l'apprentissage, et par suite de la maîtrise, les gens mariés ; l'esprit de monopole fit même exclure les femmes des métiers qui auraient le mieux convenu à leur sexe, tel que la broderie.

Toutes ces entraves à l'industrie, si anti-naturelles, on prit l'habitude de les considérer comme un droit commun ; le gouvernement imposait des taxes aux communautés et il multipliait leurs privilèges pour augmenter les ressources de ses finances.

Philippe le Bel rendit deux ordonnances dans l'intérêt bien entendu de l'industrie : il diminua le temps d'apprentissage, et permit aux marchands forains de venir vendre à Paris.

Henri III, dans son édit de 1581, donna à l'institution

des corporations l'étendue et la forme d'une loi générale ; les métiers furent organisés en corps dans toutes les villes, et tous les artisans assujettis à la maîtrise.

Colbert donna à l'industrie une grande impulsion ; il favorisa les produits nationaux en protégeant leur vente par les droits d'entrée sur les produits étrangers. Il réglementa la fabrication pour assurer son développement, et punit d'amendes la fabrication d'objets inférieurs à la qualité qu'ils devaient avoir.

7. — Turgot osa le premier porter la main contre le grand édifice des corporations dans son édit de 1776, qu'on a appelé à juste titre la charte d'affranchissement des classes ouvrières. Il dit dans son préambule : « Dieu en donnant à l'homme des besoins, en lui rendant nécessaire la ressource du travail, a fait du droit de travailler la propriété de tout homme, et cette propriété est la première, la plus sacrée, et la plus imprescriptible de toutes. Nous voulons en conséquence abroger ces institutions arbitraires qui ne permettent pas à l'indigent de vivre de son travail, qui éteignent l'émulation de l'industrie et rendent inutiles les talents de ceux que les circonstances excluent d'une communauté, qui surchargent l'industrie d'un impôt énorme, onéreux aux sujets sans aucun fruit pour l'Etat ; qui enfin par la facilité qu'elles donnent aux membres de se liguer entr'eux, de forcer les membres les plus pauvres de subir la loi des plus riches, deviennent un instrument de monopole et favorisent des mesures dont l'effet est de hausser au-dessus de leur proportion naturelle, les

denrées les plus nécessaires à la subsistance du peuple. »

Avec Smith, il proclamait le droit au travail la pre- mière, la plus sacrée, la plus imprescriptible des pro- priétés. Les physiocrates attaquaient le régime des maitrises et posaient pour le commerce le fameux principe du « laissez faire, laissez passer » dont l'édit de 1776 n'est qu'une application.

Cet édit pose d'abord le principe de liberté et répond par avance aux diverses objections qu'on pourra faire au nouveau régime. Les maîtres, explique-t-il, per- dront, il est vrai, leur privilège exclusif de vendeurs ; mais comme acheteurs, ils gagneront à la suppression du privilège exclusif des autres communautés. Les artisans ne seront plus sous la dépendance absolue des chefs. La liberté, pourra-t-on dire, engagera quelqu'un à entreprendre un métier qu'il ignore; mais on oublie que la moindre défense de ses intérêts fera qu'on ne confiera qu'à de bons ouvriers de bonnes matières premières pour ne pas gâter les marchandises et rebuter les acheteurs.

La proclamation de Turgot était pour son temps trop radicale, trop hardie, trop brutale, pour avoir un succès sans mélange. Une formidable opposition naquit des nombreux intérêts qu'elle lésait ; les corporations défendirent énergiquement leurs intérêts et leurs droits. Le premier président et l'avocat général Séguier se permirent de faire au Roi des représentations ; l'exé- cution de l'édit, c'était la rupture de l'ordre établi

dans les professions, la suppression de toutes les règles,
l'autorisation de tous les excès. L'ouvrier isolé, libre
de toute subordination, laissera aller son imagination
déréglée et fera fausse route ; il faut des règles, fussent-
elles des entraves. « Ces gênes, ces entraves, ces prohibitions, dit Séguier, font la gloire, la sûreté, l'im-
mensité du commerce de France » A l'imprescripti-
bilité du droit de travail qu'avait proclamée Turgot,
on répondait que « donner indistinctement à tous
faculté de tenir magasin ou boutique, c'est violer la
propriété des maîtres qui composent les communautés.»

8. — Séguier proposa alors des réformes modérées que
Louis XVI accepta, et qu'il réalisa au mois d'août de
la même année. Il établit un régime transitoire, intermédiaire, bien plus en rapport avec les institutions
politiques qui subsistaient encore. Le nombre des corporations fut réduit, on réunit en une même corporation des professions voisines et analogues ; certains
métiers furent libres. Mais des entraves sérieuses à
la liberté subsistèrent encore : il était défendu d'employer un compagnon, s'il n'avait pas reçu un certificat
de son dernier maître ; il était absolument interdit de
donner des ouvrages en ville ; les anciens règlements
de fabrique subsistaient.

9. — Il appartenait à la Révolution, qui abolit tous les
privilèges, de rendre possible le régime de la liberté
du travail et de l'industrie. L'Assemblée Constituante
devait accomplir ce que Turgot et Louis XVI avaient
tenté ; la loi du 2 mars 1791 reproduisit l'édit de 1776.

Les raisons qui s'étaient opposées au succès de la tentative de Turgot n'existent plus dans l'ordre social nouveau ; aussi peut-on affirmer que le régime des corporations a à jamais vécu, et que le régime de la liberté l'a désormais remplacé, parce qu'il est solidement assis sur les bases immortelles de notre société moderne.

Il n'est pas sans intérêt de se demander maintenant quels ont été les avantages du régime défunt, quels étaient ses inconvénients, quels progrès a causés le régime de liberté. Cette comparaison nous permettra d'apprécier la supériorité du système révolutionnaire, et de nous demander s'il ne restait aucun perfectionnement à lui apporter.

10. — *Avantages des corporations.*— Qu'eût été, au temps de la féodalité, un ouvrier isolé, sans autre capital que le travail de ses mains, n'ayant aucun droit, mais soumis à la force brutale du seigneur ? Pour ne pas être absorbés par cette force, pour pouvoir y résister et avoir quelques chances dans la pénible lutte pour la vie, les ouvriers n'avaient qu'une arme, c'était l'union, le rapprochement des intérêts semblables, la solidarité. Sans cette solidarité, l'industrie n'eût pas pu naître et se développer. La corporation portait en elle-même, en même temps que le germe du développement de notre industrie, le germe aussi des libertés politiques du peuple ; elle est avec la commune un des degrés qu'il devait franchir pour arriver à son émancipation.

A l'époque de la féodalité, lorsque les lois générales du pays sont insuffisantes pour protéger la
personne, la fortune, le travail de chaque individu, il
faut bien se garder de poser le principe du chacun
pour soi, et de vanter les avantages de la libre concurrence. Elle n'établit plus, comme dans les pays
civilisés, le juste équilibre qui doit exister entre les
bénéfices légitimes du vendeur et les besoins de l'acheteur. L'union des membres de la corporation dans une
société de mutuelle défense, empêchait les vendeurs
de réaliser des bénéfices exagérés et d'opprimer les
acheteurs. Ceux-ci auraient aussi été victimes de leur
ignorance, sans la réglementation sévère en vue d'une
bonne fabrication et pour éviter de nombreuses
fraudes.

Il ne faudrait donc pas être sévère pour ce régime
qui a protégé l'industrie à son berceau, qui lui a
imprimé une direction salutaire en moralisant l'industriel et en maintenant la pratique des meilleurs
procédés de fabrication; il a habitué le travailleur à la
patience, à la persévérance, à l'exactitude; le monopole qui s'oppose aux entreprises inconsidérées a fait
naître la sécurité dans le commerce; par la réglementation de l'apprentissage et du compagnonnage, on était
sûr d'avoir de bons ouvriers, connaissant à fond la
pratique de leur art.

11. — *Inconvénients des corporations.* — Malheureusement, les inconvénients et les abus du système
des corporations compensent dans une trop large

mesure les avantages de ce système. Après avoir
permis le progrès et donné à notre industrie une
heureuse impulsion, les maîtrises et les jurandes
l'entravèrent.

Si l'apprentissage était un excellent moyen pour
créer de bons ouvriers, il était devenu aussi une
barrière bien haute, qui privait l'ouvrier de toute
liberté, qui mettait obstacle à tout progrès. La durée
de l'apprentissage n'était pas proportionnée à la
nature et à la difficulté de la profession, pas plus
qu'aux aptitudes de l'ouvrier ; un tel fera des progrès
rapides : il faudra qu'il attende la fin d'un stage désormais inutile. Puis, le nombre des apprentis était
limité : ce qui fait que les élèves n'ont pas le libre
choix de leur profession ; ils ne peuvent entrer que
là où une place est libre ; l'apprentissage n'a pas été
inventé dans l'intérêt de l'ouvrier, en vue de sa
formation pour l'avenir : il est tout en faveur des
maîtres qui exercent sur leurs apprentis une sorte
de servitude temporaire. Lorsque l'apprenti a fait des
progrès, alors que son intérêt eût été de cesser
l'appprentissage et de travailler pour son compte, le
maître a double raison pour le conserver chez lui :
c'est le moment où il peut produire le plus, grâce aux
progrès de son travail ; c'est le moment aussi où il
aurait pu, si on l'avait émancipé, devenir un rival :
c'est là surtout ce qu'il faut éviter.

Il fallait que l'ouvrier restât longtemps, le plus
longtemps possible apprenti : c'est pourquoi l'appren-

tissage fait dans une ville ne comptait pas dans une autre ; l'ouvrier s'était spécialisé dans une seule partie : parqué dans une profession, il ne pouvait la quitter pour en embrasser une autre, même si dans celle-ci il manquait de travail. Or, alors que les besoins d'une société sont éternellement variables, alors que l'industrie progresse tous les jours, il faut que l'ouvrier puisse aussi évoluer ; sa supériorité, c'est d'avoir des connaissances générales, une habileté suffisante pour passer d'une occupation à une autre. L'apprentissage, qui a empêché l'ouvrier de choisir librement sa profession, d'y entrer librement, élève des barrières non moins gênantes pour l'empêcher d'en sortir, s'il y a intérêt.

Le Compagnonnage, qui vient après l'apprentissage, dont il est en quelque sorte un appendice, est encore plus difficile à justifier que ce dernier ; après cinq longues années de vie errante, venait l'exécution du chef-d'œuvre, épreuve terrible, parce qu'elle était jugée par des rivaux intéressés, qui tiennent à conserver leur cercle le plus fermé possible, ce qui n'est pas pour diminuer leur partialité. Et après avoir franchi tous ces degrés difficiles, les riches seuls sont favorisés, car les frais d'obtention de la maîtrise sont énormes, et trop au-dessus de ceux qui n'ont eu pour vivre que le travail quotidien de leurs bras.

Le système des maîtrises n'était pas plus favorable à l'intérêt général de l'industrie qu'à l'intérêt personnel des ouvriers. Par le défaut de concurrence, la clien-

tèle était toujours suffisante, et ne pouvant aller
ailleurs, elle était obligée de se contenter des seuls
produits qu'on lui offrait. Rien ne stimulait donc le
producteur à s'efforcer d'améliorer les procédés de son
industrie ; il n'avait aucun souci de son avenir, et son
instruction n'augmentant pas, était nécessairement
imparfaite. C'est ce qui explique la routine dans
laquelle a vécu l'industrie au moyen âge.

12. — *Avantages du système de liberté.* — Le régime
des maîtrises n'était plus en rapport avec les développements de l'industrie, dont il avait arrêté l'essor. Il
devait donc, en 1789, céder sa place à un principe nouveau, en harmonie avec les principes politiques et
sociaux des sociétés nouvelles, et les besoins toujours
croissants des nouvelles générations.

Le système de liberté, qui est désormais établi, et
que l'avenir cherchera plutôt à étendre qu'à restreindre, a fait disparaître les inconvénients que nous avons
reconnus au principe ancien. Et d'abord la suppression
des monopoles a amené la libre concurrence : celle-ci
a excité l'émulation entre les producteurs et tué la
vieille routine. Elle a permis une production plus abon-
dante, la multiplication des découvertes ; une réduction
de prix dont a bénéficié le consommateur, sans que le
producteur y perde, puisque pour lui cette baisse était
largement compensée par le nombre des produits, que
vendant beaucoup plus, il pouvait donner à meilleur
marché, tout en augmentant ses bénéfices. Cela explique
aussi l'augmentation des salaires des ouvriers.

13. — *Critique de ce système.* — La concurrence illimitée peut, dit-on, avoir de fâcheuses conséquences ; on abaisse les prix, non pas parce qu'on produit davantage, mais parce qu'on cherche, au risque même d'y perdre, à détruire un rival, au lieu de s'efforcer à faire plus, mieux, meilleur marché que lui, pour l'emporter légitimement.

A cette critique, il est facile de répondre : ces procédés ne sont-ils pas plutôt l'abus que l'usage de la liberté ? Qu'on empêche les abus, mais qu'on maintienne l'usage.

C'est en rendant la liberté responsable de ces funestes abus que les socialistes ont attaqué ce principe de la liberté du travail ; Saint-Simon, Fourrier, Louis Blanc, oubliant peut-être trop combien la classe ouvrière avait été malheureuse et opprimée sous le régime des corporations, ont proposé de ressusciter cet ancien régime en l'étendant plus encore, en l'appliquant même à l'agriculture. Leur principe serait l'omnipotence de l'État, érigée en système, et absorbant toutes les individualités. Le système nouveau des associations ouvrières serait celui des anciennes corporations, avec en plus l'égalité des salaires.

Ce système est condamné par le but même qu'ont cherché ses auteurs en le préconisant : ils n'ont pas cherché à protéger la production ; ils arrivent au contraire à la paralyser. Ils tendaient seulement à favoriser la distribution des bénéfices, pour arriver par là à l'égalité des fortunes. Ils négligent trop la protection dont a besoin la production ; ils ne se pénètrent pas assez de cette idée qu'en favorisant la production, on favorise tout le monde, car c'est la production qui fait la richesse et la puissance d'une nation, en même temps que la richesse ou l'aisance des individus.

Nous pouvons donc dire qu'on n'a pas à regretter la substitution du principe de la liberté au régime des maîtrises et des jurandes. A chaque époque, son système : l'état politique et social de l'Europe au moyen âge, la condition inférieure et précaire du travail et des travailleurs, l'état de la législation, avec laquelle seul un régime réglementaire pouvait s'accorder, les ressources si bornées des diverses nations, expliquent et justifient le régime des corporations.

Mais le système industriel d'un pays doit se modifier avec l'état social, sinon il ne seconde pas le progrès : la richesse mobilière s'est de nos jours considérablement augmentée, la classe bourgeoise s'est accrue ; l'industrie s'est améliorée et totalement transformée ; une législation nouvelle devait suivre cet état nouveau. Si elle était restée en deçà du progrès, Turgot l'avait très bien senti, elle en aurait entravé le développement progressif par ses principes arriérés, et ses institutions rétrogrades. Si elle venait au contraire à marcher plus vite que le progrès, elle l'aurait chassé de ses voies régulières et naturelles, et aurait enfanté l'anarchie et la licence.

Nous allons même jusqu'à dire que s'il n'était pas possible de faire marcher de pair la législation et l'état social d'un pays, la liberté est si nécessaire, qu'il vaudrait mieux toujours et quand même la liberté, même sans règles ; elle produirait encore des résultats plus heureux qu'un système qui la supprimerait : « Il faut que le régime de la liberté soit bien favorable à l'industrie, puisqu'au milieu des événements qui paraissaient devoir en étouffer tous les germes, on l'a vu s'étendre, se perfectionner, et prospérer. Les guerres désastreuses que nous avons eu à soutenir dépeuplaient les ateliers ; les réquisitions enlevaient arbitrairement les produits de toutes nos manufactures ; des droits énormes pesaient sur des matières premières, l'insubordination régnait dans les ateliers, la vie des entrepreneurs était à la merci des ouvriers dénonciateurs. Qui croirait que les plus grandes découvertes datent de ces terribles époques ? qui croirait que du milieu de cette tourmente révolutionnaire sont sorties ces conceptions heureuses, ces prodiges du génie qui en quelques années ont enrichi la France de ce que les étrangers avaient de plus parfait, et ont créé des arts inconnus à nos voisins ? » (Chaptal.)

14. — Le Code civil, imbu de ces principes, vient interdire l'aliénation perpétuelle de la liberté du travail ; il dispose dans son article 1780 : « On ne peut engager ses services qu'à temps, ou pour une entreprise déterminée. »

15. — L'œuvre de la Révolution a donc été une œuvre durable : pendant longtemps, on l'a même considérée comme définitive. Mais la révolution industrielle qui

s'est produite dans la deux ième moitié de notre siècle est venue remettre en question le point de vue du législateur révolutionnaire.

Les conditions de la vie ont été modifiées par le renouvellement des méthodes de travail et des procédés de fabrication; de puissantes machines ont avili le prix de la main-d'œuvre et décuplé l'abondance de la production ; la rapidité des transports, la facilité des communications, l'abaissement des barrières douanières ont, sans doute, créé de nouveaux débouchés; mais aussi rendu plus âpre et plus redoutable la concurrence des nations rivales. Les découvertes de la science ont augmenté les difficultés de la lutte et précipité l'avènement de la grande industrie, dont le progrès a pour effet de ruiner le petit producteur et de peupler les ateliers de légions de salariés.

De ce bouleversement économique est résulté une grande perturbation sociale : sous l'empire de la loi des 14-17 juin 1791, le producteur isolé, patron ou ouvrier, écrasé par la concurrence, n'était plus maître de débattre en pleine liberté les conditions de sa fabrication ou le chiffre de son salaire : les industriels ou commerçants étaient donc invinciblement entraînés à s'unir et à se concerter pour protéger leurs intérêts communs.

Ces nouveaux besoins appelaient la refonte de la législation. La Révolution, dans la passion et l'entraînement de la lutte, avait dépassé son but, tant était grand son désir d'extirper les racines si profondes

dans notre société, de l'institution des corporations.
Tout en brisant l'organisation oppressive des antiques
corps de métiers, il eût fallu, pour faire une œuvre en
tous points libérale, accorder le droit d'association
aux individus d'un même état. Mais dans la crainte
de voir reparaître sous des formes différentes l'institution qu'elle avait voulu abolir, l'Assemblée Constituante avait défendu « aux citoyens d'un même état
ou profession, aux entrepreneurs, à ceux qui ont boutique ouverte, aux ouvriers et compagnons d'un art
quelconque, de nommer ni président, ni secrétaire, ni
syndic, de tenir des registres, de prendre des arrêtés
ou délibérations, de former des règlements sur leurs
prétendus intérêts communs. »

Ainsi, la Révolution française avait conçu la faculté
de travailler librement comme un droit individuel,
inaliénable et imprescriptible, mais elle s'était refusée
à comprendre que l'exercice même de ce droit put
rapprocher les commerçants et industriels dans une
entente collective. Après avoir établi le principe de la
liberté du travail comme un droit conférant à l'homme
d'exercer à sa guise son activité, elle avait considéré
la liberté de s'associer, de se réunir ou de se coaliser,
dans l'intérêt même du travail, comme un danger pour
l'ordre public.

Un nouveau progrès était nécessaire: l'évolution
économique due à l'avènement de la grande industrie
devait amener le législateur moderne à élargir le con-
cept de la liberté du travail et à permettre à tous les

individus exerçant une profession déterminée de se concerter pour la défense de leurs intérêts communs.

16. — Cette réforme a été accomplie par la loi du 21 mars 1884, organisatrice des syndicats professionnels, dans laquelle il faudrait bien se garder voir, bien qu'elle ait expressément aboli la loi des 14-17 juin 1791, une atteinte au principe fondamental de la liberté commerciale et industrielle. On doit, au contraire, considérer cette loi comme une expression plus moderne, comme une extension nécessaire de la réforme de Turgot et de l'Assemblée Constituante.

17.— Telle est la dernière étape législative de l'évolution du principe de la liberté du commerce et de l'industrie. Dans son organisation récente, il reste ce que le législateur révolutionnaire a voulu en faire, un principe d'ordre public et même constitutionnel. Nous allons voir maintenant si on peut y toucher par la convention, et dans quelle mesure.

PREMIÈRE PARTIE

Restrictions conventionnelles entre groupes de commerçants.

18. — Le droit de libre entente, proclamé par la loi du 21 mars 1884, n'a pas toujours été reconnu aux négociants. Si la loi de la concurrence produit d'excellents effets économiques, elle en a aussi quelquefois de fâcheux, car elle amène la ruine d'industriels ou de commerçants trop faibles pour lutter à armes égales avec des rivaux plus puissants. Ce danger de la concurrence ne va-t-il pas s'accroître d'une façon évidente, si l'on permet aux négociants de s'entendre pour élever ou abaisser à volonté le prix des marchandises, pour déterminer les conditions de fabrication, le champ d'initiative de chacun d'eux, en un mot pour entraver, par des combinaisons savantes, le libre jeu de l'offre et de la demande ?

19. — Cette considération avait déterminé les rédacteurs du Code pénal à incriminer comme dangereuses les coalitions d'industriels et de négociants, qui se syndiquaient pour opérer par des moyens frauduleux quelconques la hausse ou la baisse des marchandises.

3

Les voies et moyens frauduleux déclarés illicites par
l'article 419 du Code pénal n'étaient pas seulement
« les nouvelles fausses ou calomnieuses semées à des-
sein dans le public, les suroffres faites aux prix que
demandaient les vendeurs eux-mêmes, mais encore et
surtout la réunion des principaux détenteurs d'une
même marchandise ou denrée, tendant à ne pas la
vendre, ou à ne la vendre qu'à un certain prix. »

20. — Nous n'avons pas à entrer dans l'étude de ces
textes de la loi pénale ; mais nous devons cependant
nous demander quelle influence ils exercent sur la légitimité des conventions conclues entre industriels et
négociants pour faire la loi du marché. Il importe en
effet de remarquer que, loin de sortir les limites de
notre thèse, nous sommes au contraire dans le cœur
de notre sujet, quand nous recherchons la validité
juridique des restrictions que s'imposent certains
commerçants à la suite d'une entente préalable. Ils
fixent les prix au-dessus ou au-dessous desquels ils
pourront ou ne pourront pas vendre une marchandise,
les personnes auxquelles ils devront ou ne devront pas
la vendre, les intermédiaires par lesquels elle sera
vendue : ces accords de volonté atteignant tous la liberté commerciale seront-ils licites ou illicites, en
face des articles 419 et 420 du Code pénal précités ?

21.—C'est une entreprise délicate que de chercher à
déterminer l'influence de ces dispositions dans le
domaine du droit civil et commercial. Il est certain
que les articles 419 et 420 du Code pénal étant tou-

jours en vigueur, toutes les fois que les éléments constitutifs du délit qu'ils incriminent se trouveront réunis, la convention punissable au point de vue pénal devra être déclarée illicite au point de vue civil. Ni le législateur ni le juge ne peuvent donner d'effet civil à un fait délictueux. Mais nous avons à nous demander quelle part il convient de faire à ces textes, depuis la promulgation de la loi du 21 mars 1884 qui autorise la constitution de syndicats professionnels ayant pour objet la défense des intérêts commerciaux de leurs membres.

22. — Observons tout d'abord que la jurisprudence ne nous facilitera pas dans la tentative de conciliation de ces deux textes ; elle présente un chaos véritable dans toutes les décisions qu'elle a rendues sur la question que nous abordons maintenant.

Faute d'une théorie suffisante pour déterminer les limites d'application respective des articles 419 et 420 du Code pénal et de la loi de 1884, elle obéit à deux courants contradictoires, et oscille, avant comme après le vote de la loi sur les syndicats, entre deux tendances inverses. Quelquefois des ententes ne réunissent pas tous les éléments constitutifs des délits prévus par la loi pénale : elle déclare cependant qu'elles constituent des coalitions de même nature que celles atteintes dans leurs résultats par l'article 419, et en prononce la nullité, comme contraires à l'ordre public et au principe de la liberté du commerce

et de l'industrie (1). D'autres fois, les jugements et
arrêts ne voient dans ces associations que la mise en
œuvre du principe du libre accord des volontés, qui
s'il restreint sans doute le champ d'initiative de chacun des membres de l'association, le fait du moins
pour le plus grand bien de leurs intérêts collec-
tifs (2).

23. — Les diverses décisions que nous examinerons
ne paraissent pas s'expliquer pas une conception bien
nette de la validité des accords tendant à réglementer
une production, une fabrication, ou les conditions de
la vente et de l'organisation du marché économique.
L'hésitation de la jurisprudence s'explique au fond par
la difficulté de délimiter le domaine de l'ordre public,
de préciser quelles conventions portent atteinte à ce
domaine, et quelles au contraire doivent rester valables en vertu du principe supérieur de la liberté des
contrats.

24.— N'est-il pas possible, en présence des multiples
décisions d'espèce que nous fournissent les annales

(1) Dans le premier sens, Cass. 18 juin 1828. D. 28. 1. 280. Cass.
26 juin 1850. D. 50. 1.212. — Cass. 13 janvier 79. S. 79. 1. 198.
Cass. 11 février 79. S. 79. 1. 198, — Douai 13 mai 51. D. 53. 2. 27.
Nancy. 15 décembre 74. D. 75. 5. 272. — Tribunal de Commerce.
Epinal, 19 avril 1887. Pandect. Franç. 87. 2. 398. — Tribunal de
Commerce Seine. 29 juin 88. Loi du 14 juillet 88. Paris, 18 décembre
90. Le Droit, 24 décembre 90.

(2) Lyon, 18 novembre 48. D. 49. 2. 69. Paris, 14 avril 91. Gaz.
Pal. 91. 1. 631. Cass. 16 mars 63. D. 63. 1. 169. — Lyon, 22 novembre
89. Gaz. Pal. 90. 1. 348. Nous examinerons plus loin en détail chacune de ces décisions.

de nos tribunaux, de dégager un critérium qui permettra à l'interprète d'indiquer dans quel cas les ententes entre commerçants doivent être déclarées licites, dans quel cas au contraire il faudra les annuler?

L'étude de la législation industrielle actuellement en vigueur ne rend pas facile la réponse à cette question. Le point de départ et la raison d'être des hésitations qui se manifestent en jurisprudence est, on peut l'affirmer, dans les articles 419 et 420 du Code pénal. Ces textes n'ont été ni explicitement ni implicitement abrogées par les lois postérieures : la loi du 25 mai 1864 n'a déclaré la coalition licite qu'en matière de salaires; celle du 21 mars 1884 sur les syndicats professionels a volontairement laissé les articles 419 et 420 en dehors des articles par elle abrogés (1).

Toutefois, il serait impossible de prétendre que cette dernière loi n'a porté aucune atteinte à l'article 419 du Code pénal. Si elle l'a laissé subsister, elle a forcément limité son champ d'application : en présence de cette loi, on ne peut plus considérer comme frauduleuse une coalition qui ne serait autre chose que la conséquence légale d'un syndicat professionnel régulièrement constitué, agissant dans la limite de ses statuts, et se proposant le but que la loi du 21 mars 1884 lui assigne, la défense des intérêts commerciaux de ses membres. Ce rapprochement de l'article 419 et de la loi de 1884 montre combien il est malaisé d'indi-

(1) Paris, 28 février 1888. S. 89, 2, 49, note de M. Raoul Gay.

quer, avec la précision désirable, la mesure dans laquelle les ententes d'industriels seront illicites, ou au contraire conformes au droit civil existant.

25. — Nous croyons cependant que le conflit réel de l'article 419 et de la loi de 1884, s'il explique les contradictions de la jurisprudence, ne peut les justifier.

Si on réfléchit qu'au point de vue pénal l'article 419 est de moins en moins appliqué, il est certain que son influence au point de vue civil se trouve diminuée d'autant : ce texte au milieu des lois et des idées nouvelles doit être restreint aux hypothèses strictes qu'il prévoit, et ne saurait dans le doute prévaloir contre l'esprit de la loi de 1884.

Expliquons-nous à cet égard.

La volonté du législateur moderne est de rendre aussi libre que possible la liberté commerciale.

Ce serait une erreur de croire (comme on le sait déjà par les développements que nous avons fournis dans notre introduction historique) que, sous l'empire de la loi de 1791, le principe de la liberté du commerce fût absolu ; cette loi l'avait sans doute proclamé, mais dans son aversion pour les jurandes et les maîtrises, et afin de les empêcher de se reconstituer sous une autre forme, elle avait prohibé toute entente entre industriels et négociants ; par là, elle restreignait singulièrement la portée de sa déclaration de principe. La liberté du commerce existait individuellement, non collectivement.

Mais, depuis le développement de la grande industrie, il devenait essentiel de ne pas laisser se disperser les efforts des divers producteurs; il devenait nécessaire de leur permettre de se rencontrer et de s'entendre pour la défense d es intérêts communs que faisait apparaître la concentration en un petit nombre d'industr ies des diverses branches de la production.

C'est pourqu oi le législateur de 1884 a voulu supprimer les derniers obstacles qui paralysaient la liberté du commerce, en permettant a ux individus isolés de se liguer pour la défense de leurs intérêts corporatifs.

Que conclure de cette pensée ? Evidemment que les restrictions aux e ntentes, aux coalitions édictées dans les articles 419 et 420 du Code pénal ne doivent plus excéder les cas rigoureux d'ap plication de ces textes. Toutes les fois, nous l'avons déjà dit, qu'une convention présentant les éléments constitutifs des infractions qu'ils répriment, sera portée devant les tribunaux, elle devra être annulée. Mais, par contre, toute convention qui ne tomberait pas sous le coup de la loi pénale, devra être, au contraire, déclarée valable ; elle ne saurait être anéantie sous le vain prétexte qu'en rendant la concurrence plus dangereuse, elle constitue une entrave à la liberté du commerce.

Pourrait-on raisonnablement soutenir une opinion contraire ? Elle reposerait sur des bases bien fragiles et bien incertaines, aujourd'hui que, conformément à la loi de 1884, des syndicats professionnels peuvent se constituer pour l'étude et la défense des intérêts indus-

triels, commerciaux et agricoles, et se concerter entre
eux dans le même but (articles 3 et 7 de la loi) ; aujourd'hui qu'il n'est plus vrai de dire que les coalitions
sont propres à gêner la concurrence et à constituer
une inégalité entre les négociants, depuis que la
même loi de 1884 a abrogé la loi des 14-17 juin 1791
tout entière ; aujourd'hui que n'existe plus l'article 4
de cette loi, sur lequel s'appuient d'une façon formelle ou implicite les solutions de jurisprudence, annulant comme contraires au principe de la liberté du
commerce et de l'industrie, les ententes entre négociants (1).

26. — L'erreur de cette jurisprudence que nous combattons, nous paraît résider dans cette conception qu'il
n'y a pas nécessairement parallélisme entre l'application de l'article 419, et celle des articles 1131 et 1133
du Code civil. Qu'est-ce, en effet, que l'ordre public
en matière de commerce et d'industrie ? Faut-il dire
que c'est un principe d'ordre, pour ainsi dire constitutionnel, que les particuliers ne puissent se coaliser
pour organiser le marché, dans les conditions les plus
favorables à la profession commerciale qu'ils exercent ?

Les économistes ont, depuis longtemps, mis en lu-

_____

(1) Article 4 de la loi des 14-17 juin 1791. — « Si des conventions
étaient faites pour refuser de concert ou n'accorder qu'à un prix déterminé le secours de leur industrie ou de leurs travaux, les dites conventions sont déclarées inconstitutionnelles, attentatoires à la liberté
et à la déclaration des droits de l'homme, et de nul effet. »

mière cette vérité, qu'il importe au commerce dont l'intérêt est d'agir conformément aux besoins des consommateurs, d'avoir une complète liberté d'allures. C'est pour cette raison que l'art. 419 du Code pénal, qui est toujours debout, s'est trouvé de moins en moins appliqué.

Nous comprenons, à la rigueur, que des décisions de jurisprudence, inspirées par la loi des 14-17 juin 1791, aient déclaré nulles comme contraires à l'ordre public, tel que le législateur révolutionnaire avait paru le concevoir, des conventions qui paraissaient contrarier la liberté du commerce et de l'industrie, à une époque où la prohibition des ententes entre négociants ou fabricants en semblait la garantie nécessaire.

Mais depuis qu'une analyse plus exacte des phénomènes sociaux est venue démontrer que les conventions conclues entre gens de professions similaires ou connexes, loin de contredire à la liberté du commerce et de l'industrie, n'étaient, au contraire, que la conséquence forcée du libre épanouissement de la liberté commerciale ; depuis surtout que dans le domaine légal la loi de 1884 est venue faire triompher cette conception, comment justifier des solutions qui déclarent nulles des conventions ne tombant point, faute d'un des éléments constitutifs du délit d'accaparement, sous le coup de l'article 419 du Code pénal ?

27.— Nous raisonnons évidemment dans l'hypothèse où aucune manœuvre frauduleuse, aucune pression ne s'est exercée, pour réunir dans une entente commune

lés signataires d'une pareille convention. Si un dol,
une violence quelconque, avaient vicié le consentement des syndiqués, il est certain que l'entente passée
entre eux devrait être annulée conformément aux
principes généraux (1) ; si, d'un autre côté, le syndicat
formé pour l'étude et la défense d'intérêts industriels
ou commerciaux mettait obstacle au jeu normal de la
concurrence et opprimait les négociants rivaux par
des machinations frauduleuses, il ne faudrait pas hésiter, toujours conformément à ces mêmes principes
généraux, à permettre aux victimes de cette concurrence déloyale d'agir en dommages-intérêts. Elles
pourraient même obtenir la dissolution de ce syndicat
soit directement, s'il est démontré que son objet est
en réalité l'oppression des négociants appartenant à
la même industrie ou à une industrie similaire, étrangers à l'entente des syndicataires ; soit indirectement
en dénonçant les illégalités commises par le syndicat
au Procureur de la République, qui, en sa qualité de
gardien de l'ordre public, pourrait saisir le Tribunal
d'une demande en dissolution de cette association
illicite.

(1) Riom. 7 février 1900. *Gaz. Pal.* 20 février 1900. « Si, dit cet
arrêt, depuis l'abrogation de l'article 416 du Code pénal, l'atteinte
portée à la liberté du travail par la prescription ou l'interdiction, ne
constitue plus un délit passible de peines correctionnelles, elle peut
constituer une faute entraînant une responsabilité civile, si cette
faute a causé un préjudice, et les syndicats restent, à cet égard,
soumis aux règles de droit commun et notamment à l'art. 1382 du
Code civil. »

28. — En résumé, nous pensons que dans la nouvelle conception de l'ordre public, telle qu'elle résulte de la loi du 21 mars 1884, l'article 419 du Code pénal, s'il reste en vigueur, doit être, tant au point de vue de son application pénale que de ses résultats civils, restreint aux strictes hypothèses qu'il incrimine. Dès que nous sortons des prévisions de ce texte, nous entrons dans le domaine de la liberté et, par conséquent, dans celui de la validité juridique. Est-ce à dire que nous laissons démunis de toute protection ceux qui par contrainte ou par fraude seraient entrés dans un syndicat commercial, ou ceux auxquels ce syndicat porterait préjudice par des manœuvres déloyales? Il est certain que la simple application des théories du droit commun, dans lequel nous nous cantonnons, suffit à éviter les dangers qui pourraient paraître la suite naturelle de la solution que nous adoptons.

29. — Il est temps maintenant d'exposer quelques espèces de cette jurisprudence indécise.

De nombreuses décisions annulent l'entente de fabricants pour l'établissement d'un tarif relatif à la vente de leurs marchandises. Ainsi, on a vu la Cour de cassation déclarer illégale une convention intervenue entre les huit principaux fabricants de faïences de Gien pour la vente de leurs marchandises à un prix déterminé et dans un lieu convenu entre eux (1). Pourtant, dans cette hypothèse, la Cour de Bourges avait

____

(1) Cassat. 18 juin 1828. D. 28. 1. 280.

refusé d'appliquer au correctionnel l'article 419 du
Code pénal parce que ces fabricants n'avaient pas
opéré la hausse par quelque moyen frauduleux, comme
l'exige cet article. Mais la coalition des fabricants
relaxés paraissait à la Cour suprême gêner la liberté
du commerce, nuire à la concurrence, violer directement l'organisation économique existante et, par
conséquent, l'ordre public, parce qu'elle tendait à
soumettre tout le monde à son omnipotence.

Persévérant dans sa jurisprudence, la même Cour
a brisé un traité passé entre les principaux négociants
de Boulogne-sur-Mer et un certain nombre de capitaines de navire de Bordeaux pour assurer aux négociants
signataires des avantages de fret que les capitaines
s'engageaient à refuser à tous autres, au prétexte que
le contrat litigieux constituait une inégalité, entre les
chargeurs, et portait par conséquent atteinte à la concurrence naturelle et libre du commerce (1).

C'est à cette même tendance qu'elle obéissait encore
quand elle annula l'accord par lequel les principaux
détenteurs d'une marchandise s'étaient coalisés contre
le futur adjudicataire d'une entreprise, de manière
à restreindre pour lui le marché de la viande sur
lequel il avait dû compter en soumissionnant, et à
rendre peut-être son entreprise impossible ou rui-
neuse (2).

30. — Si ces deux solutions peuvent être défendues,

(1) Cass., 26 juin 1850. D. 50.1.212.
(2) Req., 13 janvier 79. Sir. 79.I.198.

comme constituant au préjudice d'un commerçant un délit civil véritable, le droit de coalition ne pouvant servir qu'à la défense d'intérêts corporatifs et ne pouvant être employé pour obtenir la ruine d'industriels rivaux, on ne peut s'empêcher de trouver exagérées la première que nous avons exposée, relative aux fabricants de faïence de Gien, aussi bien que celle rendue dans l'affaire de l'Union française des fabricants d'iode (1), que nous allons analyser plus loin.

Il ne saurait, en effet, y avoir lieu à la nullité lorsque les syndicats industriels ont simplement cherché à maintenir une industrie menacée ; ils ont fixé les prix d'achat des matières premières, déterminé les quantités à produire, et les prix de revente au public.

C'est là la conséquence nécessaire de la loi de 1884, qui harmonise aux besoins modernes les anciennes corporations.

L'Union française des fabricants d'iode avait réuni en un syndicat les divers producteurs, dans le but de diminuer la fabrication des soudes de varechs, d'en assurer l'avenir par une élévation naturelle du prix de la matière première et de fixer la vente en commun des produits (2).

Elle vit son entente annulée par la Cour de cassation, bien que l'art. 419 fut inapplicable, parce qu'on n'avait pas rapporté la justification de la hausse ou de la baisse de la marchandise. Si cette affaire s'était pré-

(1) Req., 13 janvier 79. Sir. 79.1.198.
(2) Cass., 11 février 79. S. 79.1.198.

•sentée postérieurement à la promulgation de la loi de 1884, sur quel fondement juridique la Cour de Rennes se serait-elle appuyée pour déclarer illicite et attentatoire à l'ordre public une telle convention ? Aurait-elle pu voir dans le fait de diviser par régions productives de soude les côtes de Bretagne et de Normandie pour fixer les quantités que chaque fabricant, membre du syndicat, s'engageait à y acheter selon un prix arrêté à l'avance, aurait-elle pu voir dans ce fait une convention tombant sous le coup de l'article 6 du Code civil ? Non, certainement. Une pareille conception était défendable en 1789, à une époque où la loi de 1791 prohibait les coalitions ; elle ne l'est plus sous l'empire d'une loi postérieure qui, en abrogeant le texte de la loi de 1791 a voulu aussi en faire disparaître l'esprit, et substituer une organisation économique plus adéquate aux besoins de l'industrie moderne que celle que le législateur révolutionnaire avait instituée dans sa haine des anciens corps de métiers.

Les Cours d'appel et les tribunaux s'étaient en grand nombre engagés dans la voie ouverte par la Cour suprême. Par exemple, un arrêt de Douai du 13 mai 1851 avait déclaré non avenue comme ayant pour but d'éteindre la concurrence qui existe et doit exister dans le commerce, la convention par laquelle les quatre négociants faisant à Calais, le commerce des bois du Nord s'obligeaient à ne faire leurs achats et leurs ventes que suivant un taux de bénéfices déterminés (1).

(1) Douai, 13 mai 1851. D. 53.2.27.

On pourrait, dans cette hypothèse, se demander si l'art. 419 du Code pénal était inapplicable au point de vue civil, la convention ci-dessus étant moins une coalition qu'une association en participation. L'affirmative eût été certaine si les bénéfices réalisés par chacun des syndiqués avaient dû être répartis entre tous. Mais comme chacun conservait en l'espèce les gains qu'il avait réalisés, la question ne pouvait être envisagée sous cet aspect.

La Cour de Nancy a dissous l'engagement pris par les cinq propriétaires et concessionnaires de carrières situées à Liverdun et à Villey-Saint-Etienne de ne pas livrer leurs pierres pour la construction du fort Saint-Michel, près Toul, au-dessous de 3 fr. 50 le mètre cube (1). La Cour voyait réunis dans cette entente tous les éléments de la coalition prohibée.

Le Tribunal de commerce d'Épinal a annulé comme contraire à l'esprit de la loi de 1791 la convention par laquelle quatre fabricants d'images d'Épinal s'étaient engagés à ne pas vendre certains produits de leur fabrication au-dessous d'un prix déterminé, et s'étaient interdit de consentir aucune bonification sur les quantités, les prix ou les modes de paiement (2).

De même, le tribunal de la Seine avait déclaré que l'entente par laquelle les teinturiers en pièces de Paris et de Reims avait convenu de ne pas teindre à moins d'accord unanime au-dessous des prix et con-

(1) Nancy, 15 décembre 1874. D. 75.2.272.
(2) Trib. Commerce Epinal. 19 avril 1887. Pand. Franç. 87. 2. 398.

ditions d'un minimum déterminé est nulle, comme constituant une coalition de chefs d'industrie dans le but de ne donner leur concours industriel qu'à des conditions fixées entre eux et en dehors du libre jeu de la concurrence (1).

Dans le même ordre d'idées, bien qu'il ait été jugé que le syndicat des métaux ne tombait pas sous le coup de l'article 419 du Code pénal, faute d'un des éléments essentiels du délit de coalition, ont été annulées les conventions passées entre les Mines et la Société des métaux. On les a déclarées illicites et contraires à l'ordre public, car elles tendaient à centraliser entre les mains de la Société des métaux la plus grande partie de la production du cuivre dans le monde entier, et à la rendre, sinon maîtresse du marché, tout au moins à lui assurer une influence prépondérante sur la fixation des cours, et à paralyser tout légitime et libre commerce (2).

Nous pourrions citer d'autres exemples et reproduire les mêmes considérations à propos d'autres décisions qui se fondaient antérieurement à la loi de 1884 sur le principe de la libre concurrence individuelle pour annuler les conventions tendant à fixer de concert les prix d'achat et de vente entre membres d'un même commerce, de manière à s'assurer un bénéfice déterminé. Il faudrait entrer à propos de chacun d'eux dans les critiques que nous avons déjà présentées,

(1) Trib. Commerce Seine. 29 juin 1888. Loi du 14 juillet 88.
(2) Paris, 18 décembre 1890. Le Droit, 24 décembre 1890.

et nous nous en abstiendrons, afin d'éviter des redites.

31. — D'autres décisions rendues dans des espèces fort voisines ont, au contraire, validé des ententes entre négociants, comme ne portant pas atteinte à l'ordre public ni au jeu de la libre concurrence. A celles-ci, nous donnons notre entière approbation.

En ce sens nouveau, un arrêt de Lyon (1) a déclaré licites les conventions par lesquelles plusieurs fabricants d'extrait de châtaignier s'étaient engagés à ne vendre leurs produits que par l'entremise d'un unique dépositaire, qui toucherait 6 0/0 de commission.

C'est, sans doute, parce qu'elle n'avait relevé à sa charge ni accaparement, ni tentative d'accaparement de la marchandise, que la Cour de Paris a déclaré valable le syndicat composé d'une partie des phosphatiers de l'arrondissement de Doullens. Ils se sont réunis pour assurer l'écoulement de leurs produits et leur exportation, pour défendre leurs intérêts communs et lutter sans désavantage par une organisation nouvelle de la concurrence avec les autres producteurs sur de nombreux marchés. Les consommateurs ont eu toutes les facilités pour s'adresser à d'autres fournisseurs, et rien ne prouve que ce syndicat a déterminé une hausse ou baisse factice sur le cours des phosphates (2).

La Cour de cassation a sanctionné l'accord entre

(1) Lyon, 18 novembre 1848. D. 49. 2. 69.
(2) Paris, 14 avril 1891. Gazette du Palais. 91. 1. 631.

les boulangers d'une ville qui, pour arriver à l'amortissement des fonds de boulangerie à l'époque où cette industrie n'était pas libre, s'étaient interdit de vendre leur établissement à un autre qu'à un boulanger de la ville, sous peine d'une indemnité à verser dans la caisse syndicale (1).

Après avoir déclaré nulle, comme nous l'avons vu plus haut, la Société des Métaux, pour tentative d'accaparement du cuivre dans le monde entier, la Cour de Paris n'a pas annulé les avances faites par le Comptoir d'Escompte à cette Société. Ces avances devaient réaliser l'accaparement conçu par elle, mais le Comptoir d'Escompte n'était intervenu que dans dix-sept des trente-sept traités passés avec les Mines, et il ne fut pas établi que le Conseil d'administration du Comptoir d'Escompte eût eu pleine connaissance de l'entreprise illicite fondée par la Société des Métaux.

Enfin, et ce cas est très fréquent aujourd'hui, divers négociants de Saint-Étienne avaient pris l'engagement de tenir leurs magasins fermés les dimanches et jours de fêtes. Chaque infraction à cet engagement entraînait une amende de 100 francs au profit d'une œuvre de bienfaisance. Cette convention a été déclarée pleinement obligatoire pour tous les marchands qui y ont souscrit (2).

Pourtant, les accords intervenus entre ces commer-

(1) Cass., 16 mars 1863. D. 63. 1. 169.
(2) Lyon. 22 novembre 1889, *Gazette du Palais* 90. 1. 348.

çants constituaient un syndicat de nature à restreindre la liberté industrielle de ses membres. Mais on ne pouvait invoquer, par analogie, l'art. 419 de façon à faire prononcer la nullité de cette coalition, qui ne se proposait d'obtenir ni la hausse ni la baisse des marchandises dont ses membres faisaient le commerce.

32. — Ce sont en résumé les décisions de cet ordre qui nous paraissent juridiquement devoir être généralisées, pour les motifs longuement développés dans la critique jurisprudentielle qui précède. La notion de l'ordre public industriel et commercial a été bouleversée par la loi sur les syndicats professionnels ; cette loi a, en effet, autorisé les ententes et coalitions entre négociants, sous la seule condition que les éléments constitutifs du délit de l'article 419 du Code pénal ne se trouveront pas en fait réunis.

DEUXIÈME PARTIE

Des restrictions individuelles
à la liberté du Commerce et de l'Industrie.

---

33. — L'article 7 du décret des 2-17 mars 1791 édicte
ce principe d'ordre public : « Il sera libre à toute personne de faire tel négoce ou d'exercer telle profession,
art ou métier qu'elle trouvera bon. » Ce principe est-il
susceptible de dérogations conventionnelles ou bien,
au contraire, pose-t-il une règle à laquelle aucun
accord particulier ne peut porter atteinte ?

Une telle question peut paraître singulière en présence du texte formel de l'article 6 du Code civil qui
dispose que l'on ne peut déroger par convention aux
lois intéressant l'ordre public.

Pourtant il ne faudrait pas donner à la disposition
légale que nous venons de citer, une extension trop
absolue, et ériger en thèse rigoureuse l'impossibilité
pour les individus de limiter dans une certaine mesure le principe de la liberté commerciale et industrielle. La loi des 2-17 mars 1791 ne s'est préoccupée,
on se le rappelle, que d'édifier sur des bases nouvelles le régime économique de l'avenir. En instituant

la liberté commerciale et industrielle, elle a simplement voulu mettre un terme aux entraves innombrables qui faisaient obstacle dans l'ancienne jurisprudence au libre choix d'une profession commerciale par les simples particuliers ; elle s'est notamment proposé de briser les corporations qui, sous forme de maîtrises ou de jurandes, faisaient peser sur leurs membres de véritables servitudes personnelles, les empêchant, dans un prétendu intérêt public, d'user de leur activité, d'entreprendre le commerce qui leur convenait le mieux, ou d'organiser à leur volonté les conditions d'exercice et d'exploitation de ce commerce.

Mais, en posant ces principes, le législateur n'a pas entendu faire échec à la règle supérieure que la liberté individuelle a pour limite, la liberté d'autrui ; que le droit pour l'homme d'employer son activité à sa convenance n'emporte pas celui d'empiéter sur le droit d'autrui. Si chacun peut travailler comme il le veut, il doit du moins respecter l'exercice que les autres font de la même faculté. Il doit, conformément à l'article 544 du Code civil, ne pas faire un usage prohibé par les lois ou par les règlements du droit au travail, qui est la propriété primordiale de tout individu. Toutes les fois que cette propriété pourra être cédée, que son usage pourra dans quelque mesure faire l'objet d'un contrat, les droits rivaux créés au profit de chaque partie par la convention, devront, pour être conciliés, être restreints dans des limites que les chapitres suivants auront pour objet de préciser.

On ne saurait donc s'appuyer sur la loi révolutionnaire pour annuler des conventions particulières dont
l'unique but est de restreindre l'activité économique
d'un commerçant dans l'intérêt d'une autre personne
avec laquelle il se trouve mis en relations d'affaires.

34. — Le principe de la liberté commerciale, quelque général qu'il soit, ne sauroit être intangible; il
faut lui apporter d'utiles corrections dont la nécessité
apparaît tous les jours dans la pratique commerciale.
Il est permis d'imposer à une personne, non pas un
enchaînement absolu de sa liberté, mais du moins
une certaine résignation de son activité, moyennant
un avantage pécuniaire qui compense cette restriction.

La faculté d'exercer librement une profession commerciale ne doit pas être considérée comme une pré-
rogative de tout point inaliénable de la personnalité
humaine. On ne concevrait pas, il est vrai, des clauses par lesquelles un individu s'engagerait à ne jamais
s'adonner à une exploitation commerciale quelconque
ou à une exploitation commerciale déterminée : il
subirait alors une véritable déchéance, une atteinte
irrémédiable dans le droit de donner à son industrie
naturelle la direction qui lui convient. Mais on peut
toutefois envisager la liberté du travail comme un
moyen de s'élever à la fortune, de constituer ou d'augmenter un patrimoine, en d'autres termes, comme une
valeur pécuniaire, cessible et aliénable, ainsi que
toutes les autres facultés du patrimoine.

Il faut bien comprendre le point de vue où nous nous plaçons : toute restriction dont la portée générale et absolue mettrait une personne dans l'impossibilité d'exercer une profession industrielle et commerciale, et par là de se procurer des ressources, constituerait une violation de la personnalité, une *capitis diminutio*, pour ainsi dire, et tomberait sous le coup de la loi comme contraire à l'ordre public. Mais il n'est pas impossible de concilier le respect dû au principe sacré de la liberté du travail avec cet autre principe que les conventions des particuliers sont valables lorsqu'elles ont un objet licite. S'interdire l'exploitation d'une industrie, c'est contracter une obligation dont l'objet n'est pas dans le commerce ; mais convenir que l'on n'exercera cette industrie que dans des conditions déterminées, tout en se réservant pour le surplus la liberté de tirer parti de son activité commerciale à sa guise, c'est disposer d'un droit formant l'objet valable d'une transaction.

35. — Nous devons pour le moment nous contenter de ces indications forcément vagues et générales. Qu'il nous suffise d'avoir établi que la prohibition d'aliéner sa liberté commerciale ou industrielle est susceptible de certains tempéraments. Nous tâcherons d'entrer dans les précisions désirables en recherchant dans quelles circonstances les atténuations au principe de la liberté du commerce peuvent se présenter, et dans quelle mesure elles sont licites.

36. — Ces atténuations se rencontrent dans la pra-

tique, soit à l'occasion d'un contrat de cession de fonds de commerce, soit dans un contrat de société, dans une convention de famille, dans un contrat de louage, de mandat, soit dans une entente entre industriels isolés qui s'engagent à limiter la concurrence qu'ils se font.

Nous passerons successivement en revue ces cas divers de limitation à la liberté commerciale ; nous en rechercherons les conditions de validité, et nous terminerons par l'étude de leurs sanctions.

CHAPITRE I

RESTRICTIONS RÉSULTANT DE LA VENTE D'UN FONDS DE COMMERCE

---

37. — Rien ne présente plus de diversité que les éléments dont se compose l'universalité juridique que constitue un fonds de commerce. Sans chercher à les énumérer d'une façon très rigoureuse, on peut donner une idée d'ensemble d'un fonds de commerce en disant qu'il se compose avant tout d'un matériel, de marchandises, d'une clientèle ou achalandage, souvent de brevets d'invention, et généralement d'un droit au bail. Une cession de fonds de commerce comprendra par conséquent, sauf convention contraire, les divers attributs qui marquent l'individualité de l'établissement, c'est à-dire, en dehors des éléments généraux dont nous venons de donner la liste approximative, l'enseigne, la raison de commerce, qui différencie le fonds des établissements rivaux, les marques qui distinguent ses produits des produits similaires, et dans une certaine mesure le nom du cédant qui rallie la clientèle et fixe l'achandalage.

D'une façon générale, les valeurs matérielles ou immatérielles dont le fonds est constitué font l'objet d'un inventaire après lequel le prix est fixé en bloc, et plus rarement en tenant compte de chacune des valeurs diverses. Enfin, si telle est l'intention formelle ou présumée des parties, il faut ajouter à cet ensemble de biens le transport au successeur du fonds des dettes actives et passives du cédant.

En résumé, l'objet d'une cession de fonds de commerce porte sur un ensemble de valeurs qu'il est impossible d'énumérer à *priori*, tout dépendant de la volonté des parties intéressées, suivant l'étendue qu'elles ont voulu donner à la cession.

En laissant de côté les hypothèses anormales et exceptionnelles, nous supposerons que la cession d'un fonds de commerce a pour objet, comme cela a lieu d'ordinaire, le matériel, l'achalandage, le droit au bail, l'enseigne, la raison de commerce, et la faculté de se prévaloir du nom du prédécesseur.

38. — Nous allons rechercher maintenant les effets que comporte une pareille aliénation, au point de vue de la liberté du cédant. En fait, la question se pose de la façon suivante : Après avoir fait délivrance des divers éléments dont se compose l'exploitation aliénée, le vendeur peut-il se rétablir immédiatement dans le même commerce ou dans un commerce similaire, ou bien sa liberté industrielle est-elle paralysée, et dans quelle mesure, par la cession qu'il a consentie (1) ?

(1) Sur ce chapitre, consulter Pellissier, *Vente de fonds de commerce*, Paris, 1898. Lèbre, *Traité pratique et théorique des fonds de commerce*, 1887, et spécialement M. Catalan : *De la condition juri-*

La solution de cette difficulté doit, à défaut de textes spéciaux la réglementant, être cherchée dans les principes généraux.

39. — Malheureusement, ces principes paraissent contradictoires. Tout d'abord, la liberté du commerce étant de droit public, il est délicat d'indiquer jusqu'à quel point une vente de fonds de commerce impose à l'aliénateur de limiter le champ de son activité au profit de l'acquéreur. D'un autre côté, la vente a pour effet naturel d'imposer au vendeur l'obligation de délivrer entièrement la chose vendue, celle de ne pas troubler l'acheteur dans la possession qui lui a été transmise, de le garantir contre toute éviction provenant tant du fait d'un tiers que de son fait personnel. Le conflit de ces deux principes donne naissance à des litiges nombreux, à cause de la difficulté qu'éprouve l'interprète à attribuer à chacun la légitime part d'influence qui lui revient.

40. — Nous devons étudier les restrictions à la liberté commerciale du cédant d'un fonds de commerce dans deux hypothèses différentes ; en premier lieu, dans celle ou aucune convention spéciale des parties n'est venue déterminer la mesure de la garantie que le vendeur doit à son acheteur ; en second lieu, dans l'hypothèse plus fréquente où l'acte de cession indique d'une façon plus ou moins précise les opérations dont le vendeur promet de s'abstenir dans l'intérêt de l'acquéreur.

dique des fonds de commerce, Montpellier, 1899 (2ᵉ partie, pages 95 à 340.)

41. — PREMIÈRE SECTION. — *L'acte de cession est muet*
sur la question de garantie.

Pendant longtemps, la jurisprudence a hésité sur les conséquences normales qu'une vente de fonds de commerce produisait en ce qui concerne la garantie. Sur cette question, trois opinions s'étaient fait jour.

Deux principes sollicitaient les tribunaux en sens divers : fallait-il, après la cession d'un fonds de commerce, faire application à la vente des règles ordinaires sur la garantie ; fallait-il au contraire les écarter et ne donner, en dehors de l'action en paiement du prix et de l'action en délivrance, aucune autre suite contractuelle à la convention ?

En allant au fond des choses, on retrouve dans cette controverse la difficulté que nous avons déjà vu surgir dans bien des hypothèses, qui consiste dans la découverte d'une ligne de démarcation exacte entre la notion de la liberté commerciale, qui paraît essentielle à l'ordre public, et l'idée également respectable de la foi due aux conventions.

42. — Le premier point de vue devait évidemment faire pencher les tribunaux vers une jurisprudence déniant à la cession de fonds de commerce la vertu d'obliger le cédant à une garantie, qui aurait constitué un engagement restrictif de sa liberté. Le deuxième point de vue au contraire tendait à appliquer à la cession d'un fonds de commerce les règles ordinaires établies par le Code civil ; la protection accordée au cessionnaire dans les systèmes qui écartaient l'obli-

gation de garantie était en réalité négative. Le cédant, n'ayant contracté aucune obligation survivant à la délivrance du fonds, pouvait faire tout ce qui ne lui était pas défendu par les principes généraux, c'est-à-dire reprendre l'exercice de son ancien commerce, à condition de ne pas nuire à son ayant-cause par des manœuvres frauduleuses. En d'autres termes, c'était ici la seule théorie de l'article 1382, qui pouvait servir au cessionnaire pour la répression des actes préjudiciables exercés contre lui par le cédant. Pour triompher dans son action en concurrence déloyale, le cessionnaire devait donc faire la preuve de manœuvres faites par le cédant avec intention de lui nuire et établir ensuite le préjudice qu'elles lui avaient causé.

43. — Au contraire, l'extension à la vente des fonds de commerce des règles ordinaires sur la garantie, accordait au cessionnaire une protection directe et positive. En justifiant uniquement d'actes de concurrence exercés contre lui par son auteur, le cessionnaire pouvait obtenir leur cessation ou tout au moins une indemnité à raison de la contravention au contrat, de la part du cédant, sans avoir à démontrer ni la fraude ni le préjudice. Ainsi le jeu de la responsabilité contractuelle donnait au cessionnaire une arme plus efficace que l'application de la responsabilité délictuelle. D'abord, au point de vue des faits qui pouvaient obliger le cédant, ensuite au point de vue de leur répression, puisque la seule sanction de l'article 1382 peut consister en dommages-intérêts, tandis

que la sanction des règles de la faute contractuelle permet la réparation adéquate du préjudice, dans tous les cas où elle est possible, par le rétablissement des choses dans l'état où les parties avaient voulu qu'elles fussent placées, dans l'espèce par la fermeture de l'établissement exploité par le cédant.

44. — Finalement, la vérité apparut entre ces deux extrêmes. Sans doute, une cession de fonds de commerce emporte, comme toute vente, l'obligation de garantie. Mais cette obligation a pour limite et pour mesure l'intention probable des contractants. Il serait aussi inexact de soutenir que le cédant peut se rétablir d'une façon absolue dans le commerce qu'il a vendu que de lui interdire avec la même rigueur la reprise de son exploitation primitive : l'obligation de garantie ne doit exister qu'autant qu'elle favorise la fixation de la clientèle au profit du nouveau titulaire du fonds. Toutes les fois que celui-ci aura à se plaindre des agissements du cédant, son action ne devra triompher que s'il fait la preuve d'un préjudice qui lui est causé par son auteur, abstraction faite toutefois de la volonté de nuire chez celui-ci. Ainsi s'appliquent distributivement, même en partant de l'idée de responsabilité contractuelle, les conséquences de la faute délictuelle et de la faute contractuelle. Le système qui triomphe maintenant en pratique exige de la part du cédant l'accomplissement d'un préjudice à l'encontre du cessionnaire, sans que toutefois les deux parties unies par le lien de la volonté soient dans leurs rapports respectifs comme

deux personnes étrangères l'une à l'autre. En droit moderne, les contrats ne sont pas de stricte interprétation ; ils doivent produire les effets que l'équité et l'intention probable des parties ont voulu leur attacher.

45. — Mais on n'est pas arrivé du premier coup dans la matière qui nous occupe à une conception aussi simple. A l'origine, la jurisprudence s'est ralliée exclusivement à l'idée de faute délictuelle ; plus tard elle a poussé jusqu'à ses dernières conséquences la notion inverse de faute contractuelle. Enfin, elle s'est décidée à interpréter le contrat de cession d'un fonds de commerce selon les règles de la bonne foi, de l'équité, en tenant compte dans ses appréciations de l'intention probable des contractants.

Retraçons cette évolution:

46. — PREMIER SYSTÈME. — Dans un premier système, on semblait incliner vers cette idée qu'en l'absence de convention formelle le cédant d'un fonds de commerce n'abdique pas de plein droit la liberté de faire concurrence à son cessionnaire. L'idée qui inspirait les décisions de ce genre était que les restrictions à la liberté commerciale ne se présument pas ; qu'elles doivent résulter d'une convention formelle des parties en l'absence de laquelle le cédant doit être considéré comme ayant voulu se réserver le droit d'exploiter comme auparavant la branche du commerce qu'il exerçait (1).

_____

(1) Req., 5 février 1855. D. 55. 1. 440. Pettman avait vendu sa brasserie à Cartier. A défaut de clause expresse le lui interdisant, il n'a fait qu'user de son droit en ouvrant une nouvelle brasserie ; puis-

Cette première opinion ne réservait aucune garantie au cessionnaire de fonds de commerce. A son égard, le vendeur qui se rétablissait devait être considéré comme un étranger ; il pouvait se permettre à l'encontre du cessionnaire tout acte de concurrence, pourvu qu'elle ne fût pas déloyale.

qu'il n'a pas manqué à la bonne foi commerciale, il a exercé loyalement une industrie permise.

Lyon, 25 mai 72. D. 72. 2. 211. Le principe de liberté ne permet pas de supposer qu'un industriel se soit implicitement engagé à ne plus rentrer dans la même spécialité, ni même à ne pas s'établir dans la même ville. Il s'est seulement engagé à n'user que loyalement de ce droit, et à ne pas chercher à ressaisir par une concurrence illicite la clientèle cédée.

Req. 21 juillet 73. S. 74. 1. 197. Rousseau, après avoir vendu ses droits à son ancien associé Videau, crée, avec l'autorisation administrative, un nouvel établissement de bains flottants en amont du pont de Bordeaux. Videau soutient qu'il a violé ainsi l'obligation de garantie implicite que lui a imposée son concours à la licitation. La Cour de cassation décide qu'il résulte du silence des colicitants que chacun a entendu conserver sa liberté.

Il faut reconnaître que certains arrêts cités en faveur de ce système tempèrent cependant ce qu'il aurait d'excessif. C'est ainsi qu'un jugement du Tribunal civil de Saint-Calais du 4 décembre 1868, confirmé par la Cour d'appel, se base sur des circonstances de fait, et non sur un principe inflexible de droit, pour autoriser le rétablissement du vendeur : ce n'est pas tant, parce qu'aucun engagement personnel ne le lie, mais surtout parce qu'il a cédé son fonds depuis déjà un assez grand nombre d'années ; parce qu'il ne s'est rétabli qu'après trois cessions successives dans lesquelles il n'est pas intervenu. Le Tribunal reconnaissait par là la possibilité d'une restriction implicite, qu'il déclarait ne pas exister en l'espèce : c'est pourquoi, il autorisait le loyal exercice du même commerce.

Il a été décidé, Lyon, 25 mai 1872. (S. 73. 2. 180) que le vendeur d'un établissement de confection pour dames n'est pas réputé par le seul fait de la vente avoir renoncé au droit de fonder un établissement semblable, et qu'il peut même l'ouvrir immédiatement après la vente.

47. — Deuxième Système. — Cette interprétation de
la volonté des parties était trop contraire à leur intention probable pour prévaloir dans la pratique. Il eût
été inique de permettre à celui qui a vendu son fonds
de commerce de détruire la valeur qu'il a cédée par
un acte d'agression contre son ayant-cause, et de
s'enrichir à ses dépens en lui enlevant, après avoir reçu
le prix de la cession, les bénéfices qu'il avait compté
tirer de cette cession elle-même. Une appréciation plus
saine des accords tacites des parties conduisait donc
à étendre aux fonds de commerce les règles de droit
commun en matière de garantie. La vente d'un fonds
comprenant l'achalandage et la clientèle, le vendeur
doit s'abstenir de tout acte tendant à détourner directement ou indirectement la clientèle délivrée et cédée.
S'il se rétablit, il cause un trouble à son acquéreur et
manque à son obligation de garantie.

C'est une conséquence logique du contrat qui oblige
le cédant à toutes les suites que l'équité donne à l'obligation d'après sa nature. Or, il est évident que l'interdiction de se rétablir est une suite naturelle du contrat,
nécessaire à sa loyale exécution.

Sur ce principe, l'accord fut vite obtenu en jurisprudence ; mais les difficultés apparurent lorsqu'il
s'agit d'indiquer l'étendue de la garantie qu'en l'absence de clause formelle le vendeur devait à son acqué-

Mais les juges ajoutent ce correctif : il ne peut cependant pas le fonder
dans le voisinage de l'établissement vendu.

reur. Ce système était en effet excessif, en imposant une garantie absolue, en prohibant toute espèce de rétablissement (1).

48. — TROISIÈME SYSTÈME. — L'opinion de beaucoup la plus suivie veut qu'à défaut de toute clause particulière, le vendeur puisse se rétablir dans le commerce par lui précédemment exercé, à la condition de ne point préjudicier à la clientèle cédée à l'acquéreur.

Mais dans quelles conditions peut-on dire qu'il y a de la part du cédant se rétablissant dans son ancien commerce une atteinte aux droits qu'il a transmis à son ayant-cause ?

C'est, dit-on, une pure question de fait.

Les principes juridiques contraignent, en effet, à se rallier à cette conclusion. Le vendeur est quitte de toute obligation lorsqu'il a transporté à l'acquéreur le fonds tel qu'il se comportait, avec la clientèle et l'achalandage ; mais ultérieurement il doit s'abstenir de tout acte qui diminuerait l'achalandage du fonds qu'il a cédé : sinon il reviendrait sur la livraison qu'il a faite et reprendrait par ce moyen ce dont il a entendu se dépouiller.

49. — Est-ce à dire qu'il ne pourra nullement se rétablir dans le même commerce ou dans un commerce

---

(1) Grenoble, 17 juin 1844. D. 45. 2. 39. — Agen, 20 juin 1860. D. 60. 2. 176. — Aix, 6 août 1863. S. 63. 2. 223. — Lyon, 3 décembre 1864. S. 65. 2. 131. — Amiens, 30 avril 75. S. 75, 2, 213 ; — Riom, 20 mars 76. S. 77, 2, 50.

similaire comme on le prétend dans la deuxième opinion que nous avons exposée ?

Ce serait aller bien loin que d'adopter une pareille théorie : les principes de l'ordre public et les règles du droit privé s'opposent également à cette solution. A un premier point de vue, on ne peut pas imposer au vendeur une abdication totale du droit de s'adonner à un commerce ou à une industrie ; à un second point de vue aussi le vendeur qui se rétablit n'enlève pas nécessairement à son cessionnaire une parcelle quelconque de la clientèle cédée. S'il est constant en fait que le rétablissement du vendeur ne cause aucun dommage au cessionnaire, l'ouverture qu'il fait d'un établissement similaire ne saurait lui être imputée à faute, puisque, par hypothèse, il ne reprend aucun élément de l'entreprise dont il s'est dessaisi.

50. — L'inconvénient de cette doctrine, cependant équitable et rationnelle, est apparent. Le plus souvent, lorsque le vendeur se sera rétabli, le rétablissement excitera la défiance et la susceptibilité naturelle du cessionnaire, qui, redoutant une concurrence dangereuse, prétendra aussitôt que la foi du contrat de cession a été violée. De nombreux procès seront la suite nécessaire du point de vue auquel nous nous rallions ; aucun critérium certain ne peut, en effet, indiquer dans quels cas le rétablissement du vendeur porte ou non atteinte à la cession qu'il a consentie. Dans chaque espèce les tribunaux devront se livrer à une vérification particulière pour voir si le vendeur a ou non con-

trevenu à la loi du contrat : ordinairement, les magistrats trouveront dans les circonstances de la cause les éléments de leur décision. Souvent les tribunaux prenant en considération l'éloignement plus ou moins grand des deux fonds et le temps plus ou moins long, écoulé depuis la vente, apprécieront facilement si l'exercice du nouveau commerce auquel se livre le vendeur, porte préjudice à celui qu'il a transmis à l'acquéreur. En d'autres termes, les tribunaux devront s'attacher à voir si le périmètre dans lequel le cédant s'est rétabli est suffisamment distant de l'endroit où s'exerce l'ancienne exploitation ; ils devront aussi prendre en considération le délai qui s'est écoulé depuis la cession du fonds et l'ouverture de la nouvelle entreprise par le cédant, pour savoir si, pendant ce délai, la clientèle s'est suffisamment fixée au profit du cessionnaire.

51. — Il est impossible d'indiquer ici l'étendue du rayon ou le délai dans lequel le rétablissement du cédant doit être interdit (1) : c'est l'affaire des circonstances, d'usages locaux, cela dépend de la nature, de l'importance du commerce, de l'impression personnelle du juge.

Par exemple, en province, le périmètre d'interdiction comprendra facilement la ville entière ; à Paris ou dans les très grandes villes, il faudra le limiter au quartier où la concurrence peut s'exercer.

Quant au délai, il faut qu'il soit assez grand pour

______

(1) — Voir Lyon, Caen et Renault, n° 248.

que la clientèle ait pris l'habitude de traiter avec le
nouveau commerçant, bénéficiaire de la cession, comme
elle traitait avec l'ancien ; il faut qu'elle ait pu oublier
ses relations avec le cédant. Dans tous les cas, la
nature et l'importance du commerce joueront, avec ces
deux premiers éléments d'appréciation un rôle considérable : il est évident que pour un commerce de détail
le périmètre d'interdiction et le délai pendant lequel
le cédant devra s'abstenir de se rétablir seront inférieurs au temps et au rayon d'interdiction qu'il con-
viendra de dégager de la cession d'un commerce de
gros. Le périmètre dans lequel se trouve la clientèle
d'un marchand de vins, à Paris surtout où on en compte
quelquefois un par trois maisons, est beaucoup plus
restreint que celui qu'embrasse un gros négociant ; il
faudra à celui-ci plusieurs années pour visiter et connaître sa clientèle ; à celui-là, quelques jours suffiront.
De même, si une industrie trouve exclusivement son
débouché dans la localité où s'elle s'exerce ou dans les
localités voisines, rien ne saurait empêcher le vendeur
d'aller créer au loin une industrie similaire ; au contraire, lorsque la clientèle d'un fabricant réside sur
divers points du territoire, le lieu de l'interdiction
s'étendra facilement à une région toute entière.

52. — Section deuxième. — *L'acte de cession stipule une restriction au droit de rétablissement du vendeur.*
a) Cession purement volontaire.

On voit par les développements précédents que le cessionnaire a un intérêt considérable à régler expressément les suites qu'il entend faire découler de l'acte d'achat ; il sera très prudent en délimitant la mesure de la garantie que lui devra le cédant, pour échapper à son appréciation nécessairement arbitraire par les tribunaux, au cas où quelque difficulté viendrait à s'élever.

La validité de pareilles clauses restrictives ne saurait en principe être mise en doute, puisque, *a fortiori*, nous avons établi l'existence d'une garantie tacitement conventionnelle.

Ces clauses ne sauraient être critiquées que si elles avaient pour but de priver absolument le cédant de son activité commerciale. Les tribunaux devraient alors intervenir pour annuler tout ce qui, dans l'obligation de garantie, excéderait l'effet normal de la cession. Ils ont la mission délicate de sauvegarder, d'une part, le respect dû aux conventions, et de l'autre de maintenir le principe d'ordre public de la liberté du commerce. C'est donc d'après les circonstances de la cause que les juges apprécieront si les parties ont fait le juste départ entre ce qui est défendu et ce qui est permis par la loi.

Les parties, par des clauses spéciales, détermineront le plus souvent la catégorie d'actes interdits au cédant, le délai pendant lequel les restrictions doivent durer, ainsi que la zone d'interdiction.

Ces clauses s'imposeront aux tribunaux, à moins que les contractants, exagérant les termes de la restriction à la liberté commerciale que le cessionnaire entend imposer au cédant, n'aient inséré dans l'acte de cession un pacte absolu de non-rétablissement.

Serait par exemple attaché d'une nullité absolue l'engagement par lequel celui qui cède un fonds de commerce ou sa portion de droit sur ce fonds s'interdirait en termes généraux de se rétablir à jamais, et d'exploiter, soit directement soit indirectement, un commerce similaire. Pour rester dans le champ de la validité, il faut, mais cela suffit, préciser la limitation que le cédant consent à son activité sous le triple rapport du temps, du lieu et de l'objet.

Il ne conviendrait pourtant pas d'annuler des clauses restrictives se contentant d'indiquer seulement la durée d'une interdiction, ainsi que son étendue territoriale, sans spécifier exactement la catégorie d'actes dont elles entraînent la prohibition ; en pareille circonstance, on devrait raisonnablement admettre que la limitation d'objet est sous-entendue parce qu'elle se réfère naturellement à l'exercice d'un commerce identique ou similaire à celui exploité par le cédant.

53. — Il est plus délicat d'indiquer le caractère d'une restriction relative seulement au temps ou au lieu : le point de vue qui prévaut en jurisprudence est que la limitation est valable, si elle est apportée à un seul

de ces éléments d'exercice de l'activité individuelle.
« Si en droit, dit un arrêt de la Cour de cassation du
30 mars 1885 (1), toute personne est libre de faire tel
négoce ou d'exercer telle industrie que bon lui semble,
cette liberté peut cependant être restreinte par une
convention particulière pourvu qu'elle n'entraîne pas
une interdiction générale et absolue, c'est-à-dire illimitée à la fois quant au temps et au lieu : un tel engagement serait nul comme ayant un objet illicite ; mais
la renonciation à certain commerce ou industrie n'a
rien de contraire à la loi, lorsque librement consentie
elle est perpétuelle, mais restreinte à un lieu déterminé,
comme aussi lorsque, s'étendant à tous les lieux, elle
est renfermée dans un certain laps de temps. »

Dans certaines industries, la fixation d'un certain
délai pendant lequel le cédant ne pourra se rétablir
sera suffisante pour assurer la validité de la clause d'interdiction, parce que les relations d'affaires du vendeur
s'étendent dans le monde entier. C'est ainsi, pour emprunter un exemple à une hypothèse toute récente, que
Torsten Nordenfeldt, ingénieur suédois, en apportant
à une Société anonyme son industrie d'engins de guerre
s'interdisait de l'exploiter à son bénéfice pendant vingt-
cinq ans, sans délimiter de région spéciale ; il ne pouvait, en effet, en fixer une en dehors de laquelle il aurait
conservé le droit d'exercer le même commerce, puisque
celui-ci rayonnait dans tous les pays du monde.

Cependant, la limitation dans le temps ne serait suf-

(1) Cass. 30 mars 1885. S. 85. 1. 216.

fisante qu'à la condition de ne pas dépasser la vie probable de l'obligé.

D'autres fois, aucun périmètre ou délai d'interdiction n'avait été stipulé : on a été jusqu'à voir une clause de non-rétablissement licite dans le fait que le cédant aurait la possibilité de récupérer le plein exercice de son activité commerciale par l'abandon ou la disparition de l'établissement cédé (1).

54. — Il résulte de ceci l'impossibilité d'indiquer un critérium général grâce auquel on pourra reconnaître la validité ou la nullité des clauses d'interdiction. C'est avant tout un question de fait, bien que l'on puisse poser en thèse générale qu'il ne faut pas que la liberté commerciale du cédant soit absolument paralysée. Si elle l'était, les clauses d'interdiction seraient entachées d'une nullité absolue, comme contraires à l'ordre public.

Mais même dans cette hypothèse il faut remarquer qu'il ne serait pas loisible au cédant d'évincer son cessionnaire des avantages qu'il lui a transmis. Malgré l'annulation par la justice des conventions spéciales de garantie contenues dans l'acte de cession, il faudrait revenir au principe de la garantie de droit commun en matière de cession de fonds de commerce, tel que nous l'avons posé dans la précédente section.

« Si en principe, dit la Cour de Paris, la convention par laquelle le vendeur d'un fonds de commerce s'interdit de façon absolue d'exercer un commerce simi-

(1) Cass. 27 juillet 92, S. 94, 1, 90. Req. 18 juin 1897, S. 98, 1, 120.

laire est nulle comme contraire à la liberté de l'industrie, cette nullité ne peut dans tous les cas s'entendre
d'une façon tellement absolue qu'elle puisse avoir
pour conséquence de soustraire le vendeur à toute
garantie, de le délier de toute obligation vis-à-vis
de l'acheteur, en laissant ce dernier exposé sans
aucun recours possible aux suites dommageables d'actes de concurrence dolosifs ou quasi-
dolosifs. » A défaut de la protection que le cessionnaire
a voulu se ménager par des clauses expresses d'interdiction, il y a toujours lieu de lui accorder la protection
particulière dérivant de l'obligation de garantie implicitement contenue dans tout acte de cession (1).

55. — Il ne faut pourtant pas oublier que la garantie
n'est qu'une suite naturelle du contrat de vente : les
contractants peuvent l'aggraver ou l'écarter à l'aide de
la convention. Les développements qui précèdent ont

(1) Cass. 11 mai 1898, S. 98. 1, 265. Félix Richard s'était interdit
envers son frère Jules, moyennant une contre-prestation pécuniaire, de
fabriquer ou d'exploiter un commerce d'instruments de précision, et de
s'intéresser, de quelque manière que ce soit, à un commerce similaire. Puis, il prit la succession d'une maison exploitant des articles
de photographie, et mit en vente la photo-jumelle à répétition de
Carpentier, successeur de Rumkoff, en se qualifiant, pour la vente de
cet appareil, agent général de la maison Carpentier. La Cour de Paris,
dans son arrêt du 28 mai 1895, dont nous avons plus haut cité un
considérant, après avoir déclaré nulle cette clause prohibitive dit
que Félix doit quand même exécuter le contrat intervenu, et qu'il faut
maintenir la double défense faite par les premiers juges. Les juges
suprêmes confirment cet arrêt, parce qu'il résulte de ses constatations
qu'en vendant des photo-jumelles et en se disant agent général de la
maison Carpentier, Félix a privé l'acheteur de partie des avantages de
la chose vendue dont il lui devait garantie.

montré dans quelle mesure l'obligation de garantie due
par le cédant au cessionnaire pouvait être renforcée.
En sens inverse, on pourrait valablement stipuler que
le droit à la garantie n'imposera pas au vendeur des
obligations qui existeraient à son encontre, d'après
l'interprétation jurisprudentielle de la volonté probable; on pourrait même dire que la garantie sera totalement écartée. Dans cette hypothèse, le cédant reprend
le plein exercice de la liberté commerciale et industrielle et peut librement faire concurrence à son cessionnaire, car, dans ses rapports avec lui, il doit être
considéré comme un étranger.

56. — En l'absence de tout lien contractuel, donnant
à l'acquéreur d'un fonds de commerce le droit d'actionner son vendeur en garantie, il n'y aurait pas lieu
cependant d'attribuer une liberté illimitée au cédant.
La Cour de cassation, qui tient en général à maintenir
dans ces questions la liberté du commerce, obéit aussi
par l'application des règles de la garantie, par l'interprétation des contrats, à une tendance visible; elle
veut le respect du principe de la propriété; ce principe
aussi respectable que celui de la liberté, est facilement
mis en échec par des industriels peu scrupuleux, qui
se servent de leurs anciennes relations commerciales
pour reprendre ce qu'ils ont cédé. Si la conciliation
théorique de ces deux principes est difficile, elle ne le
sera pas en pratique, parce que le juge saura faire
pencher sa balance du côté où il reconnaîtra la bonne
foi, la probité commerciale, l'équité, la vraie justice.

57. — Si le cédant a voulu se réserver le droit de se livrer librement au commerce, l'usage de ce droit ne saurait dégénérer en abus ; et l'abus apparaîtrait lorsque, comme soutien à sa concurrence, le vendeur aurait recours à des manœuvres frauduleuses. Du domaine de la faute contractuelle, nous passerions alors dans celui de la faute délictuelle. La reprise des faits dolosifs et dommageables en détournement de la clientèle cédée serait assurée, non plus par l'action en garantie, mais par l'action en concurrence déloyale.

Tandis que, pour triompher dans la première, il suffit au cessionnaire de démontrer que les agissements du cédant ont eu pour conséquence de lui enlever une part quelconque de la chose cédée, de contrevenir à la loi du contrat, il faut, pour qu'il ait gain de cause dans la seconde, qu'il établisse à l'encontre de son adversaire une fraude véritable. De plus, les deux actions n'ont pas une sanction identique, l'action en concurrence déloyale ne permettant d'obtenir que des dommages-intérêts, alors que l'action en garantie peut donner lieu, de plus, à la résolution du contrat ou à la fermeture de l'établissement rival.

58. — Il résulte de cette constatation qu'en matière de cession de fonds de commerce pour savoir quelle est l'action par laquelle le cessionnaire obtiendra la répression des faits de concurrence du cédant, il faut avant tout interroger les stipulations de l'acte de cession et interpréter l'intention probable des contrac-

tants. On ne peut pas dire d'une façon absolue que la seule action qui appartienne à l'acquéreur d'une entreprise mercantile soit ou une action contractuelle de garantie, ou une action délictuelle en concurrence déloyale (1). La nature de cette action dépend avant tout des circonstances : là où l'acte de cession s'exprime formellement sur la garantie due par le cédant, il n'est pas douteux que c'est à la théorie de la garantie contractuelle qu'il convient d'avoir recours ; là où l'acte est muet, c'est encore d'une façon normale à la même action que le cessionnaire devra demander la protection à laquelle il a droit. Mais, lorsque le cédant a accompli l'acte que lui reproche le cessionnaire en dehors des limites exactes de la garantie qu'il a tacitement assumée, il ne faut pas décider d'une façon trop rigoureuse qu'aucune obligation n'existe à sa charge au profit de son ayant-cause. Il est évident, en effet, que lorsque les liens qui naissent du contrat de vente cessent d'unir les parties, du moins peuvent-elles être mises en présence par l'application des règles de la concurrence déloyale. Enfin, lorsque, par une convention expresse, le cédant s'est exonéré de la garantie qui lui aurait normalement incombé, l'action tirée de l'article 1382 peut encore, selon les cas, appartenir au concessionnaire contre lui.

En résumé, l'existence de la garantie contractuelle ne fait pas obstacle à une action en garantie délic-

____

(1) Demante, *Cours analytique de droit eivil*, t. VIII. n° 310.

tuelle d'un caractère pour ainsi dire subsidiaire et supplétoire. L'absence de cette même garantie dérivant d'une convention laisse encore au cessionnaire la protection générale de l'article 1382.

59. — *Restrictions auxquelles peut être soumis le cédant d'un fonds de commerce relativement à l'usage de son nom.*

Après avoir déterminé les cas dans lesquels existe l'obligation de garantie, le fondement et l'étendue de celle-ci, il faut se demander si le vendeur qui s'établit soit en dehors du périmètre d'exploitation réservé, soit à proximité du nouveau titulaire du fonds, quand l'acte de cession ne le lui défend pas, peut reprendre d'une façon absolue l'usage de son nom commercial.

Parmi les éléments dont se compose un fonds de commerce, achalandage, marchandises, clientèle, droit au bail, figure aussi le nom de l'exploitant qui, dans la plupart des circonstances, sert de signe de ralliement à la clientèle du fonds cédé. En achetant l'entreprise commerciale, le cessionnaire a entendu sans aucun doute se porter aussi acquéreur du nom de son prédécesseur qui fixe l'achalandage et retient les clients à la maison ; il devra, il est vrai, éviter toute confusion entre sa personnalité propre et celle de son vendeur, en faisant suivre le nom de celui-ci de son nom particulier, auquel il ajoutera sa qualification de successeur, ou en désignant le fonds par son nom personnel, faisant connaître au public sa qualité de cessionnaire par les termes : « Ancienne Maison Tel. »

Inversement, le vendeur, lorsqu'il peut se rétablir dans le rayon d'action de son successeur, ne conserve pas d'une façon absolue la faculté de se servir de son nom commercial, puisqu'il l'a dans une certaine mesure aliéné avec le fonds qu'il a cédé. Le contrat de vente lui impose l'obligation implicite de ne pas faire un usage exclusif de son nom commercial ; il faut encore ici que la clientèle soit prévenue de la cession du fonds de commerce à un successeur, en d'autres termes, il faut que les individualités des deux commerçants ayant droit au même nom, l'un comme en étant le propriétaire, l'autre comme étant le cessionnaire d'une entreprise à laquelle il sert de marque et de signe distinctif, soient parfaitement séparées, de façon à prévenir toute confusion préjudiciable au cessionnaire dans l'esprit des personnes qui achalandent son fonds.

C'est en vertu de ces idées que le Tribunal de commerce de la Seine a pu juger que l'ancien propriétaire d'un établissement industriel par lui cédé à d'autres ne peut, s'il vient à fonder un établissement du même genre, lui donner le titre de « Nouvelle Maison Tel », sans y ajouter un signe qui la distingue de l'ancienne (1).

Ces principes sont encore plus évidents lorsqu'une cession de fonds de commerce a eu lieu sans réserves et d'une manière absolue, c'est-à-dire, lorsque tous les éléments composant l'exploitation ont été aliénés : droit au bail, clientèle, et en particulier l'enseigne distinctive

(1) Tribunal de commerce de la Seine, 9 mars 1854. Le Hir., 54. 2. 231.

de l'établissement, qui se compose uniquement du nom du cédant. Par exemple, le vendeur d'un café connu dans la localité sous le nom de « Café Binet » ne pouvait en se rétablissant dans un commerce similaire donner à son nouvel établissement la dénomination de café Binet, sous peine de voir ordonner la suppression de cette qualification (1).

60. — Nous avons supposé jusqu'ici des difficultés s'élevant directement entre le cédant et le cessionnaire. Mais elles peuvent aussi surgir entre le cessionnaire du fonds vendu et les héritiers du cédant. On sait que ceux-ci étant tenus des obligations de leur auteur ne doivent pas se mettre après la mort de celui-ci à la tête d'un établissement faisant concurrence au fonds cédé. Mais les héritiers du vendeur conservent, après la mort de ce dernier, l'exploitation du fonds qu'ils pouvaient avoir ouvert avant la vente du fonds de leur auteur, ou dans l'intervalle de la vente de ce fonds au décès du vendeur, sans autres obligations que celles incombant aux homonymes.

Il semblerait que le vendeur ne pouvant reprendre l'usage commercial de son nom, dans la mesure que nous avons ci-dessus indiquée, il dut en être de même pour ses ayants cause à titre universel Pourtant un arrêt de Paris du 7 janvier 1852 (2) a autorisé les héritiers du cédant à tenir un établissement faisant

(1) Caen, 13 décembre 53. *Journal du Palais*, 56, 1. 209.
(2) Paris, 7 janvier 52 Teulet, 1. 22.

concurrence au fonds vendu, à la condition que fut prise une précaution particulière pour éviter les résultats préjudiciables d'une homonymie absolue (addition du prénom).

61. — Il résulte de la loi du 6 février 1893, que la femme séparée de corps conserve le nom de son mari, à la différence de la femme divorcée, qui reprend son nom de fille. Par conséquent, la femme au profit de laquelle un jugement de séparation de corps est intervenu, et n'a pas demandé à remplacer par son nom de fille le nom de son époux, ou ne s'est pas vue dans l'obligation de le faire, peut s'adonner à une entreprise commerciale sous le nom de son mari. Dès lors, se pose la question de savoir si elle peut se faire de ce nom un instrument de concurrence, soit contre le mari lui-même, soit contre le cessionnaire de celui-ci.

L'affirmative semble bien résulter de la faculté qu'a la femme séparée de faire usage du nom de son époux ; mais les tribunaux doivent réglementer l'emploi, par une femme séparée de corps, du nom de son mari. Un jugement du Tribunal de commerce de Marseille (1) lui reconnaît formellement ce droit. Dans le même ordre d'idées, un jugement du Tribunal de commerce de la Seine (2), relatif, il est vrai, à une veuve, lui avait interdit la disposition du nom du mari dont elle faisait abus.

(1) Marseille, 28 février 1891, *Annales propr., commerc. et industr.*, 1892, p. 9.

(2) Tribunal de commerce de la Seine, 19 mars 1886 (*Le Droit*, mars 1886).

Si, avant la loi de 1893, on pouvait soutenir qu'une veuve n'avait pas le droit de faire le commerce sous le nom de son mari, mais seulement sous son nom de fille, la loi nouvelle semble bien impliquer qu'une femme mariée et veuve n'a d'autre nom que celui de son mari (1), lequel est, dès lors, son nom commercial, et qu'on ne saurait lui interdire.

Toutefois, les décisions que nous venons de rapporter, quoique antérieures à la loi de 1893, sont assez conformes à sa lettre ou à son esprit, pour que l'on puisse, dans le droit nouveau, conserver à la justice la faculté d'intervenir pour reprimer tout usage abusif de la part d'une femme du nom de son époux, soit à l'encontre de son mari, soit à l'encontre des tiers qui tiennent leurs droits de celui-ci.

62. — *b) Cession forcée.* — Cette réglementation est celle qui dérive des principes généraux et de leur interprétation jurisprudentielle en matière de cession volontaire de fonds de commerce. Mais la question se complique, lorsque l'on envisage les hypothèses où la cession n'est pas due à l'initiative de l'industriel ou du commerçant, mais à des circonstances plus ou moins indépendantes de sa volonté. En d'autres termes, cette réglementation doit-elle être la même dans l'hypothèse de la cession d'un fonds de commerce

(1) Voyez article 299 du Code civil, modifié par la loi du 6 février 1893, art. 2, qui semble réserver au divorce la conséquence de la reprise par chacun des époux de l'usage de son nom.

après faillite, et dans celle de la cession d'un fonds consécutive à la liquidation d'une société (1) ?

63. — *Hypothèse d'une cession de fonds de commerce en cas de faillite.*

Il n'est pas douteux que la maison de commerce exploitée par le débiteur failli et les éléments qui la composent (droit au bail, achalandage, clientèle, etc.), ne soient le gage des créanciers de la masse et ne puissent comme tels être cédés à titre onéreux par le syndic, mandataire des créanciers. Une pareille cession emporte-t-elle au détriment du failli une interdiction quelconque de se rétablir dans une exploitation similaire ?

Si aucune clause formelle de non-rétablissement n'a été insérée dans le cahier des charges de la vente, il paraît certain que le failli ne peut pas, en se rétablissant aussitôt après la cession, dans un rayon rapproché de celui de l'établissement cédé, enlever au cessionnaire les avantages de son acquisition. On peut dire, en effet, que le débiteur, en contractant des obligations, a engagé à ses créanciers le fonds qu'il dirige, et leur a donné mandat de le saisir, le cas échéant, et de le faire vendre. Cet élément de crédit serait absolument illusoire si, après la cession, le failli pouvait se rétablir dans le même commerce, à la porte même de son cessionnaire. C'est donc par les principes déjà exposés de la garantie implicite, qu'il faut

(1) L'examen de cette deuxième hypothèse est renvoyé au chapitre suivant : Des restrictions résultant du contrat de société.

régler l'étendue des actes de concurrence dont le débiteur failli doit s'abstenir, et nous savons qu'en cette matière les tribunaux ont un pouvoir souverain pour savoir si le failli a véritablement manqué à son obligation (1). Celle-ci incombe, en effet, personnellement au failli, qui est le cédant véritable, et non à ses créanciers, qui n'ont fait qu'exercer ses droits, pas plus qu'au syndic, leur mandataire.

64. — La question est plus délicate lorsque le syndic de la faillite insère dans le cahier des charges de la vente du fonds de commerce, une clause d'interdiction aggravant la garantie qui résulte du droit commun.

On pourrait — et cela a été fait — soutenir d'une façon générale la nullité de ces clauses. En dehors de la garantie naturelle qui résulte de l'acte de cession, toute clause formelle de garantie excédant les limites de cette garantie naturelle, est une mesure de rigueur attentatoire à la liberté d'une personne; elle ne peut résulter que d'une manifestation de la volonté expressément ou implicitement formulée : « Celui à l'encontre duquel la vente a eu lieu ne saurait faire acte de volonté ; il subit une dure nécessité à laquelle il ne peut se soustraire, et nous ne comprendrions pas qu'il vît sa liberté d'action paralysée, les moyens de refaire sa fortune ou de gagner sa vie et celle de sa

(1) Seine, 19 décembre 1888. Ann. de droit commerc. 89. Jurisp. p. 39 et note Darras. Pouillet, op. cit. n° 601. — Cass. 21 juillet 1891. S. 91. 1. 377 et note. — Lyon-Caen et Renault, op. cit. t. 8.

famille totalement anéantis, et cela, non seulement sans son aveu, mais même malgré ses protestations et ses efforts. Qu'un homme puisse arbitrairement restreindre sa liberté et circonscrire le cercle de son activité, cela se conçoit : il est maître de ses actions et juge de ses intérêts; mais comment admettre que la rigueur du sort, le seul effet des circonstances, puissent lui imposer d'aussi lourdes obligations ? »

65. — Cette théorie ne saurait être acceptée dans des termes aussi absolus. Il va de soi, à un premier point de vue, qu'une clause se contentant d'affirmer à la charge du failli la garantie de droit commun, est une indication surérogatoire, qui ne saurait affecter l'entière validité de l'acte de cession. Mais l'utilité d'une clause expresse de garantie apparaît d'une façon plus particulière lorsqu'elle a pour but, non seulement de faire un rappel des principes généraux, mais de préciser la mesure dans laquelle le débiteur failli devra la garantie, de limiter, en d'autres termes, le périmètre, le délai ou l'objet d'interdiction d'une concurrence future.

Ici encore, il est impossible de fournir un criterium qui puisse permettre de s'assurer du caractère licite ou illicite de la clause insérée au cahier des charges. Comme en matière de vente volontaire, tout se ramènera à une pure question de fait : Toute interdiction dont le caractère paraîtrait absolu ou arbitraire, devrait être annulée, comme contraire à la liberté du commerce.

66. — Pourtant, — et c'est une concession que nous faisons volontiers à l'opinion que nous combattons, — les tribunaux, dans l'appréciation de la validité de la clause expresse de garantie, devront s'inspirer d'une façon plus stricte que dans les cessions volontaires du principe de la liberté du commerce. Tandis que dans les ventes amiables d'un fonds, le cédant, qui est lui-même maître de ses actions et juge de ses intérêts, peut consentir au maximum des restrictions que comporte normalement la liberté individuelle, il en va sans doute autrement lorsque la cession a pour cause un événement de force majeure tel que la faillite. Dans cette circonstance, deux intérêts également respectables qu'il importe de concilier se trouvent placés en conflit : celui des créanciers de la masse, auxquels les restrictions les plus absolues permettront d'obtenir un meilleur prix du fonds mis en adjudication, et celui du failli, pour lequel il importe, au contraire, de recouvrer le plus tôt possible le plein exercice de son activité. La combinaison de ces points de vue contraires sera chose délicate en pratique, et l'interprète ne peut que se contenter d'user de tempéraments d'équité. Mais il nous paraît forcément résulter de cet aperçu qu'au cas de cession d'un fonds de commerce à suite de faillite, les clauses d'interdiction ne sauraient recevoir la même extension qu'en matière de vente volontaire.

SECTION TROISIÈME. — *Portée des restrictions à la liberté commerciale du cédant d'un fonds de commerce.*

67. — Les conséquences qui dérivent des clauses expresses ou implicites destinées à resteindre la liberté commerciale du cédant sont relatives aux actes interdits, au périmètre de l'interdiction, à sa durée, aux personnes auxquelles elles profitent ou qu'elles obligent, et enfin à leurs sanctions.

Il faut étudier ces diverses conséquences:

68. — I. *Des actes interdits.* — Nous avons par avance dégagé le principe qui servira à apprécier la validité des restrictions expresses ou des restrictions implicites apportées à la liberté commerciale du cédant. Toute convention dont le but tendra à empêcher le cédant d'enlever au cessionnaire les avantages de la cession sera valable à condition qu'elle n'ait pas une étendue trop absolue ou trop arbitraire.

D'une façon générale, les tribunaux décideront qu'il y a violation par le cédant de sa promesse de garantie, lorsqu'il se sera rétabli dans un commerce similaire. Mais ce n'est pas seulement le fait du rétablissement direct que les tribunaux devront réprimer: c'est encore tout acte de rétablissement indirect, c'est-à-dire toute opération dissimulée par laquelle le cédant cherchera à échapper à son obligation.

Les cas les plus ordinaires fournis par les décisions jurisprudentielles de rétablissement indirect consistent dans l'exploitation d'un commerce similaire

au moyen d'une interposition de personne, par l'intermédiaire d'un prête-nom. Quelquefois, il n'y aura pas,
à proprement parler, rétablissement direct ou indirect
de la part du cédant dans un commerce similaire ;
il y aura cependant violation de la garantie contractuelle qu'il a assumée : il place des capitaux dans une
maison rivale de celle qu'il a vendue ; il lui prête son
aide et son concours en y entrant comme employé, il
se fait nommer administrateur délégué d'une société
concurrente (1).

69. — II. *De l'étendue territoriale de l'interdiction.* — Le plus souvent, l'acte de cession déter-

(1) Req., 21 juillet 1873. S. 74. 1. 197. Un négociant en draps de
Clairac, ayant cédé son fonds, ouvre peu après la cession, et en face
de son ancien magasin, un commerce semblable, mais sous le nom de
son fils.

Or celui-ci est absolument étranger à ce commerce, dont il ne
s'occupe jamais ; c'est son père qui dirige constamment le nouveau
magasin ; il fait des démarches pour attirer les anciens clients ; il
entreprend des voyages et conclut les marchés. De tous ces faits
ressort clairement l'interposition des personnes : aussi, les juges lui
ordonnèrent-ils de fermer le nouveau magasin et lui défendirent-ils d'en
ouvrir un semblable à Clairac.

Cass., 9 février 1898. S. 98. 1. 121. Après s'être interdit de faire
valoir aucun établissement pouvant faire une concurrence quelconque
au commerce de la serrurerie, un industriel accepte la direction de
la société des hauts fourneaux et fonderies du Val d'Osne. La simi-
litude d'industrie étant reconnue par les tribunaux, ils lui interdirent
de prêter son nom et de continuer ses nouvelles fonctions.

Paris, 15 avril 1875. S. 96. 2. 201. Les commerces de fabricant et
de marchand de gants sont différents : cependant le fabricant qui a
vendu son fonds avec clause de non-rétablissement y contrevient,
s'il apporte à un parfumeur vendant des gants son nom, sa notoriété
spéciale, et les avantages de son habileté comme fabricant de gants.

minera le périmètre dans lequel il sera interdit au cédant de se rétablir. C'est ce périmètre qu'il faudra respecter. Mais les expressions employées par les parties ne sont pas toujours assez précises pour supprimer toutes difficultés. Les tribunaux verront, lorsque les parties se seront contentées d'indiquer un rayon, une distance, un périmètre dans lequel le cédant devra s'abstenir de toute concurrence, s'il faut calculer cette distance à vol d'oiseau, en ligne droite, ou bien tenir compte des voies de communication. A défaut de stipulation expresse, les tribunaux fixeront eux mêmes une zone de protection pour l'établissement acquis par le cessionnaire ; leurs solutions dépendront des usages locaux et des circonstances. Sans pouvoir poser une règle ferme, nous pouvons dire cependant que la jurisprudence calcule rarement la distance à vol d'oiseau ; elle compte celle que le public aurait à parcourir pour aller de l'établissement cédé au nouvel établissement (1).

70. — Qu'arriverait-il si l'acquéreur transportait son établissement dans un autre quartier ? Pourrait-il quand même empêcher le vendeur de s'établir dans le périmètre convenu ?

On ne voit pas au premier abord pourquoi le cessionnaire émettrait la prétention d'interdire au vendeur

______

(1) Pouillet, n° 589 ; — Lèbre, n°ˢ 85, 89, 108 ; — Dalloz, supp. Rep. Vᵒ. Ind. Nᵒ 121 ; Lyon-Caen. T. 3, n° 248. — D. P. 65. 2. 20. — D. P. 84. 1. 366.
Req. 31 mars 1884. — Ann., droit commerc. 98, p. 350.

de se rétablir dans le rayon où il a été stipulé qu'il n'exercerait plus son commerce, puisque, en déplaçant ses magasins et en les établissant dans un quartier différent, le cessionnaire semble avoir manifesté l'intention de renoncer à la protection qu'il s'était constituée par une convention expresse de son acte d'acquisition. Le périmètre établi n'est-il pas, en effet, une zone dans laquelle le cédant abdique la faculté de troubler le cessionnaire dans l'exercice de son industrie pendant que son ayant-cause y conserve son exploitation?

Mais lorsque celle-ci est transportée dans un quartier différent, lorsque le fonds pour lequel un rayon de protection avait été stipulé se trouve déplacé dans la suite, il semble bien qu'il n'y a plus de raison pour maintenir à son profit une zone d'interdiction dont les limites avaient été fixées en considération de la conservation du fonds de commerce dans un quartier déterminé. La modification de l'état de choses pour lequel la clause de non-rétablissement avait été prévue, doit entraîner, *ipso facto*, la reprise par le cédant de la plénitude de sa liberté commerciale.

Malgré ces arguments, l'affirmative ne nous paraît pas douteuse. Les droits inhérents à la propriété d'un fonds ne dépendent pas du quartier où ce commerce s'exerce (1).

En transportant ailleurs l'exploitation dont il est

____

(1) Paris, 19 novembre 1860. D. 61.2.32.

acquéreur, rien ne démontre l'intention tacite du cessionnaire de renoncer à la garantie spéciale qu'il avait eu la précaution de se réserver. Un fonds est une entité juridique, une propriété *sui generis*, qui a, comme une propriété ordinaire, ses charges actives et passives, ses qualités bonnes ou mauvaises. La fixation d'une étendue territoriale dans laquelle le cédant s'interdit de commercer n'est pas nécessairement faite pour le cas seul où l'exploitation continuerait à s'exercer dans le local ou le quartier où le cédant l'avait établie. Le cessionnaire, même en transportant ailleurs son exploitation, peut conserver un grand intérêt à maintenir son auteur en dehors du rayon où il a été décidé qu'il ne se rétablirait pas. Bien qu'il ait changé de quartier, la clientèle résidant dans le périmètre où il était précédemment installé peut encore trouver un avantage quelconque à se servir dans son nouvel établissement, soit à raison de l'absence dans le voisinage d'un établissement similaire, soit à cause des facilités de communication qui lui permettent de conserver l'habitude de se servir dans ses magasins.

Dans tous les cas, si le changement de quartier auquel s'est résolu le cessionnaire n'emporte pas, à notre sens, pour le cédant la faculté de se rétablir de plein droit dans la zone interdite, il ne faut pas oublier que nous ne donnons cette solution que sous réserve de l'interprétation des faits et des circonstances, de l'appréciation des conventions des parties, dont les tribunaux sont souverains juges.

71. — III. *Durée de l'interdiction.* — C'est une question rarement réglée par l'acte de cession. Dans le silence de cet acte faut-il dire que l'interdiction est perpétuelle ou qu'elle doit être restreinte dans de certaines limites? Ici encore nous nous trouvons en présence d'une réglementation néc essairement élastique: tout dépendra des faits et c irconstances de la cause. Les tribunaux auront à rechercher s'il s'est écoulé un temps suffisant depuis la cession pour que la clientèle ait pris l'habitude du successeur et se soit fixée à lui : dans ce cas, le rétablissement de son prédécesseur ne lui causera aucun préjudice.

Il est évident aussi que, si l'établissement cédé venait à disparaître pour un motif quelconque, l'interdiction de se rétablir n'ayant plus de raison d'être, le cédant reprendrait l'exercice de sa liberté commerciale (1).

72. — IV. *Des personnes aux quelles peut profiter l'interdiction.* — Le cessionnaire et ceux qui succèdent à sa personnalité, ses ayant cause à titre universel peuvent sans aucun doute se prévaloir de la clause d'interdiction.

D'une façon générale, la même solution prévaut pour les cessionnaires ultérieurs du fonds acheté, ayant cause à titre particulier. C'est en effet moins à la per-

---

(1) Pouillet n° 594. — Lèbre n° 85. — Seine, 11 septembre 97. J. Trib. com. 99. p. 134. — Alger, 5 janvier 1864. S. 65.2.142. — Nimes, 16 décembre 1847. S. 48.2.627. Cass. 5 juillet 1865 D. 65.1.425. — Cass. 9 févr. 98, précité.

sonne du cessionnaire qu'à l'établissement cédé que
doit profiter la convention restrictive de la liberté du
cédant. On a assez justement comparé la protection
stipulée au profit de l'établissement cédé à la constitution d'une servitude au profit d'un immeuble : qualité
juridique du fonds qui se transmet à tous les acquéreurs
successifs de ce fonds, accessoirement à lui-même.
« L'engagement de ne pas se rétablir, dit M. Lèbre,
est, pour ainsi dire, contracté envers le fonds lui-même,
comme garantie de son existence ; il constitue une de
ses qualités juridiques, et se transmet avec lui aux
acquéreurs successifs. Le vendeur ne peut se considérer comme délié de son obligation vis-à-vis des sous-
acquéreurs, l'acheteur originaire ayant stipulé pour
lui et ses successeurs, et ces derniers étant subrogés
à tous les droits de leur vendeur (art. 1122) (1). »

Bien que la question soit controversée, on peut
même, avec MM. Lyon-Caen et Renault (2), décider
que le sous-cessionnaire a une action directe contre le
cédant primitif pour faire valoir, *omisso medio*, l'interdiction de se rétablir à laquelle ce dernier a consenti (3).

73. — V. *Des personnes que grève l'interdiction.*
A) Les ayant cause à titre universel du cédant sont-

(1) S. 93.2.219. — Pouillet n° 602. Cass. Req. 5 juillet 65. S. 68.
1.246. Annales droit com., 88, p. 231.
(2) Lyon-Caen et Renault, op. cit. n° 249 *ter.*
(3) Seine, 11 septembre 97. *Journ. Trib. Com.* 99, n° 134.

ils, comme leur auteur, tenus de l'interdiction que celui-ci a promis dans l'intérêt du cessionnaire?

La raison de douter provient de ce fait qu'incontestablement les obligations contractuelles sont transmissibles aux héritiers. Mais la garantie en matière de fonds de commerce étant une restriction à la liberté de l'individu, elle doit, semble-t-il, disparaître avec la personne elle-même. Cette garantie, ne serait-il pas rigoureux de l'imposer à un héritier peut-être fort éloigné qui n'a reçu qu'une faible portion de la valeur représentant le prix du fonds cédé?

Aux prises avec cette difficulté, les Tribunaux ont comme toujours, en ces matières, statué d'après les faits de la cause, en cherchant à mettre d'accord le droit et l'équité, et il faut avouer que l'incertitude des principes rend difficile une solution différente. Ordinairement la question sera aisée à résoudre, parce que le plus souvent c'est un héritier rapproché portant le nom du cédant (son fils, par exemple), qui cherchera à restaurer le commerce paternel, en entrant en concurrence avec le cessionnaire de son père : dans ces conditions, il ne faudra pas hésiter à le déclarer obligé par l'interdiction dont le père était tenu (1).

74. — *B*) Pourrait-on aller jusqu'à décider que l'interdiction de se rétablir dans un commerce similaire

____

(1) Paris, 19 mars 49. D P. 50. 2. 50. et S. 49. 2. 353.— Rouen; 16 décembre 96. *Annales Droit Com.* 97. p. 350. — *Dal. Supp.* Vº Ind. nº 118. — Pouillet. nº 603.— Lyon-Caen et Renault, nº 249 *bis*.

imposée au cédant d'un fonds de commerce peut obliger ses ayant cause à titre particulier qui ne se seraient, par aucune convention, engagés à la respecter?

On aperçoit l'intérêt pratique de cette question, qui peut paraître étrange de prime abord, dans l'hypothèse de la cession d'un fonds de commerce par dédoublement. Cette difficulté se rattache au problème, qui n'est généralement pas envisagé en France, de la transmission des obligations aux successeurs à titre particulier. L'exposé de cette théorie générale et sa discussion sortant du cadre de notre thèse, nous nous bornerons à rappeler le principe de solution qui est généralement admis : les obligations ne passent pas au successeur à titre particulier, à moins que, par leur rapport direct avec une chose, elles ne soient destinées à diminuer l'utilité de cette chose, en quelques mains qu'elle soit appelée à passer. En d'autres termes, l'obligation prend alors pour ainsi dire un caractère réel, qui suit la chose dans tous les patrimoines où elle est acquise, au cours de ses circulations successives.

Dans l'hypothèse que nous examinons, l'interdiction de concurrence imposée au cédant du fonds de commerce est une obligation de ce genre qui doit s'appliquer à tous les cessionnaires du fonds, alors même qu'ils n'ont pas adhéré à l'interdiction consentie par leur auteur primitif (1).

(1) Saleilles, *De la Cession de dettes. Annales droit comm.* 1890. Doctr. page 1 à 47. — Gaudemet, *Etude sur le transport de dettes à*

75. — *C*). L'obligation de garantie pèse enfin à des titres divers sur la femme du vendeur d'un fonds de commerce. Il en est ainsi notamment lorsque le cédant était marié sous le régime de la communauté : l'obligation de garantie qui lui incombe grève la communauté et partant la veuve commune en biens qui l'a acceptée. Aussi celle-ci ne peut se rétablir après la cession et la mort de son mari dans un commerce similaire (1). L'obligation de garantie, aux termes de la jurisprudence courante, est en effet indivisible, et la veuve commune en biens qui y contreviendrait pourrait être rendue responsable de tout le préjudice par elle causé au cessionnaire.

En supposant la femme du vendeur mariée sous un autre régime, l'obligation de garantie contractée par le mari cédant ne doit pas en principe incomber à la femme. Toutefois, il en serait autrement si la femme était personnellement intéressée dans le commerce du mari ; elle est alors représentée à la cession par son époux ; elle est en réalité une covenderesse à laquelle s'impose la garantie (1).

Ces solutions résultent de ce principe que le cédant sur qui pèse l'obligation de garantie, et spécialement celle de ne pas se rétablir, ne peut contrevenir à cet engagement en exerçant le commerce par personne interposée.

titre particulier, Paris, 1898. — Rossy, *Des cessions de portefeuille et des Réassurances générales*. Paris, 1899.

(1) Tr. com Seine. 3 avril 57. Journ. Commercial 6. 448.

Cette règle doit aussi s'appliquer au cas où une femme commune en biens se remarierait après cession de commerce faite par son premier mari, avec un industriel qui se mettrait dans la suite à exploiter un commerce similaire. Il en serait de même dans les autres régimes, lorsque le second mari a connu la cession faite par sa femme; celle-ci ne doit en rien s'immiscer dans le commerce similaire de son mari (1).

Si l'on suppose, au contraire, que la femme du cédant n'ait aucun intérêt dans le commerce de celui-ci, elle peut s'établir en concurrence avec le cessionnaire, soit après la mort de son mari, soit du vivant de celui-ci. Mais, comme la femme ne peut être commerçante qu'avec l'autorisation de celui-ci, il manque à son obligation en l'autorisant même tacitement à créer un commerce en concurrence au fonds vendu, et peut être passible de dommages-intérêts. Ainsi, d'une façon

(1) C'est ce que dit un arrêt de Rouen, 9 août 99. *Gaz. Pal.* 8 mars 1900. Est licite, fait la loi des parties et doit recevoir sa pleine exécution toute stipulation expresse par laquelle une partie s'interdit tout commerce similaire dans telle ville désignée, et dans quelque situation qu'elle se trouve à l'avenir. Notamment, par le fait de son mariage, éventualité rentrant précisément dans les prévisions de la convention, une femme venderesse d'un fonds de commerce ne peut se trouver déliée de ses engagements; et, sous le prétexte qu'elle est en puissance de mari, il ne lui appartient ni de troubler son acquéreur dans la libre jouissance de la chose vendue, ni de rentrer ainsi en possession d'un achalandage et d'une clientèle dont elle a déjà touché le prix. Elle ne saurait, du reste, invoquer le principe de la liberté du commerce et de l'industrie, qui ne peut rendre licite ce qui est contraire à la bonne foi commerciale, à l'équité, aux engagements pris.

indirecte, l'obligation de ne pas se rétablir, contractée par le mari, est opposable à la femme même non commune, parce que le plus souvent, pour éviter une condamnation à une indemnité élevée, le mari retirera l'autorisation donnée à la femme d'exercer un commerce similaire au commerce aliéné (1).

76. — Enfin, lorsque une veuve co-propriétaire d'un fonds de commerce indivis avec ses fils vend le fonds qu'elle exploite, l'interdiction de se rétablir qu'elle consent dans la cession n'est pas opposable à ses enfants, au nom desquels elle ne s'est pas obligée, bien que, par suite du décès du père de famille, ils lui eussent donné procuration pour vendre. Le mandat donné par les enfants à leur mère n'emporte pas en effet pour celle-ci le droit de stipuler des clauses extensives des obligations ordinaires qui pèsent sur le cédant (2).

77. — VI. *Sanctions de l'interdiction.* — Si le vendeur se rétablit directement, les tribunaux peuvent ordonner la fermeture du nouvel établissement, avec des dommages-intérêts. La fermeture peut être effectuée, *etiam manu militari*, sans que l'on puisse objecter la règle : *nemo potest precise cogi ad factum*, puisqu'il s'agit, non d'une obligation de faire, mais d'une obligation de ne pas faire. Pour obtenir la fermeture de l'établissement ouvert en violation d'une

_____

(1) Tr. com. Seine. 30 décembre 75. Journ. Commercial 25. 135.

(2) Paris, 19 juin 73, confirmant jugement du Tribunal de commerce Seine du 30 juin 72. Journ. Com. 22. 520.

clause d'interdiction, il est inutile de justifier d'un préjudice, au moins lorsque l'interdiction est expresse.

Au contraire, les dommages-intérêts ne pourraient être alloués que si un préjudice est nettement établi. Ordinairement, les tribunaux se contenteront de fixer un délai dans lequel le cédant devra fermer l'établissement qu'il exploite, délai passé lequel il sera fait droit, avec indemnité par chaque jour de retard (1).

De même, si une clause pénale avait été fixée par les parties, ils l'appliqueraient conformément aux principes généraux que nous n'avons pas à rappeler. A défaut de restrictions expresses, les tribunaux appliqueront évidemment des règles analogues, tout en se montrant plus difficiles pour ordonner la fermeture.

Au cas où le vendeur se rétablirait indirectement, chez un tiers, le tribunal ne pourrait ordonner la fermeture de l'établissement appartenant au tiers que si ce dernier était de mauvaise foi. Sinon, le contrevenant seul pourrait être condamné à des dommages-intérêts.

(1) Trib. de commerce Seine, 21 mars 1861. Paris, 27 avril 1861 et Cass. 21 février 1862 : Journal Commercial, 11. 423. — Paris, 31 août 1859. D. 1860. 1. 219. — Paris 3 décembre 1890. Cass. civil. 21 juillet 1891. S. 91. 1. 377. — Lyon 6 avril 1892.

Voir Tournier, *De la condamnation à des dommages-intérêts comme moyen de contrainte*. Montpellier 1896.

CHAPITRE II

78. — Le contrat de société, aussi bien que celui de cession d'un fonds de commerce, apporte des restrictions à la liberté industrielle, en ce double sens que, durant la vie même de la société, les associés sont dans une certaine mesure, liés à l'être moral qu'ils ont constitué, et que cette dépendance est de nature à survivre à la dissolution de l'union sociale. Aussi faut-il envisager dans l'étude des restrictions à la liberté du commerce qui proviennent du contrat de société, tout d'abord la période d'exploitation et de fonctionnement, ensuite celle d'extinction et de dissolution.

Au premier point de vue, se posent deux questions : celle de savoir si un associé peut, tant qu'il fait partie de la société, s'établir en concurrence avec elle, puis celle de savoir s'il faut lui reconnaître ce droit après qu'il est sorti de cette société, qui subsiste sans lui.

79. — Une distinction capitale doit être faite entre les sociétés anonymes et les sociétés d'intérêts. Mais parlons d'abord d'une disposition du Code civil qui

s'applique à toutes les sociétés de commerce, quelles que soient les formes dont elles sont revêtues, puisque le Code civil, dans le silence du Code de commerce et des statuts sociaux, est la loi générale à laquelle obéit le contrat de société. Aux termes de l'article 1847 de ce Code, « les associés qui se sont soumis à apporter leur industrie à la société lui doivent compte de tous les gains qu'ils ont fait par l'espèce d'industrie qui est l'objet de cette société. »

Si l'associé retient pour lui le bénéfice de l'industrie, objet de son apport, il doit à la société non seulement la valeur du profit qu'il en a retiré, mais une indemnité égale au préjudice occasionné à la société. En effet, l'associé qui effectue un apport en industrie et qui s'est engagé à faire bénéficier ses co-associés de tous les gains qu'ils attendent de l'activité de leur co-contractant, manque gravement à son obligation, lorsque, au lieu de travailler pour le compte commun, il met à profit son industrie dans son intérêt individuel.

En ce qui concerne spécialement les sociétés commerciales, l'article 1847 contient implicitement une restriction à la liberté commerciale de l'apporteur en industrie. En effet, lorsque l'associé qui promet son travail à la collectivité s'adonne pour son compte personnel au même commerce ou à un commerce similaire de celui que la société se proposait d'exploiter, il ne peut pas, aux termes de notre article, avoir la prétention de garder pour lui seul les profits qu'il en a retirés; il doit exercer son industrie pour le compte commun, non pour le sien propre. Cela revient indirectement à décider que les divers marchés commerciaux passés dans l'hypothèse de l'art 1847 sont conclus en réalité dans l'intérêt de la société, et non pas dans celui de l'associé qui les a passés. L'associé ne doit compte à la société que des bénéfices provenant de l'industrie spéciale mise par lui en commun et qui tend au but particulier de la société. Si, en même temps que celle-là, il en exerce une autre, les bénéfices qu'il en retire lui appartiennent exclusivement. Cependant, dans ce dernier cas, l'associé qui aurait négligé de s'occuper comme il le devait des affaires sociales, en consacrant son temps et sa peine à une affaire privée, pourrait être considéré comme ayant manqué à son obligation à l'égard de la société, et de ce chef condamné à des dommages-intérêts (1).

La règle de l'article 1847 du Code civil doit être bien comprise : elle ne fait pas obstacle à ce qu'un associé en nom collectif puisse faire personnellement des opérations semblables, ou rentrer dans une société similaire, s'il n'a pas apporté son industrie à l'entreprise ; de même dans les sociétés en commandite, l'art. 1847 n'empêche pas les commanditaires de devenir membres d'une société analogue ou d'exercer pour eux-mêmes le même commerce ; les commanditaires ne font pas d'apport en industrie ; ils ne partici-

___

(1) Lyon, 18 juin 1856. D. 57.2.71.— Paul Pont, *Traité des sociétés*, n° 302 ; Vavasseur, Traité des sociétés, n° 82 ; Houpin, *Traité des sociétés*, n° 233. — Thaller, 2° édition, n° 330.

pent pas à la gestion, à laquelle il leur est défendu de s'immiscer. La restriction conventionnelle à la liberté du commerce qui dérive de l'art. 1847 ne saurait toucher que les commandités qui, apportant leur industrie à la société, ne peuvent s'établir en concurrence avec celle-ci (1).

80. — En principe, dans les sociétés anonymes, les associés conservent la plénitude de leur liberté, parce qu'ils n'ont promis à la société qu'un apport en numéraire, et qu'ils sont quittes à son égard après l'avoir effectué.

Toutefois, il est parmi les membres d'une société anonyme, certaines personnes, certains associés, les administrateurs, auxquels l'acceptation des fonctions a pour conséquence d'interdire, dans une certaine mesure, la possibilité de faire des actes de commerce à leur guise. Aux termes de l'article 40 de la loi du 24 juillet 1867, « il est interdit aux administrateurs de prendre ou de conserver un intérêt direct dans une entreprise ou dans un marché fait avec la société ou pour son compte, à moins qu'ils n'y soient autorisés par l'Assemblée générale. — Il est chaque année rendu à l'Assemblée générale un compte spécial de l'exécution des marchés ou entreprises par elle autorisés, aux termes du paragraphe précédent. »

Le but de cette disposition est d'empêcher que les administrateurs puissent se trouver placés entre leur

____

(1) Lyon-Caen et Renault, t. 2, n° 249 et 531.

intérêt personnel et celui de la société, situation qui serait très dangereuse pour les actionnaires. A cet effet, la loi fait défense aux administrateurs de prendre un intérêt direct ou indirect dans une entreprise faite avec la société ou pour son compte.

L'expression intérêt direct ne laisse place à aucune ambiguïté : il y a intérêt direct pour l'administrateur, lorsqu'il stipule en son nom personnel avec la société qu'il a mandat d'administrer.

Quant à l'intérêt indirect, il doit s'entendre de celui qu'un administrateur posséderait dans un marché ou une entreprise, où il n'aurait pas traité lui-même comme partie : par exemple, dans un marché conclu avec une société dont l'administrateur serait également le gérant, ou avec un tiers, dont il serait créancier.

On s'accorde toutefois à reconnaître que si l'intérêt de l'administrateur, contraire à celui de la société, était minime, les tribunaux pourraient apprécier s'il suffit pour faire naître la situation que la loi a voulu prévoir et empêcher. Ainsi, si l'administrateur ne possède qu'un petit nombre d'actions de la société qui a pris le marché à son compte, s'il n'est créancier que pour une faible somme des tiers avec qui il a traité, la prohibition de l'article 40 peut être écartée (1).

Les marchés et entreprises dans lesquels la loi défend aux administrateurs de prendre un intérêt personnel

(1) Douai, 8 août 1889, *Revue des sociétés*, 91, p. 27.

Tribunal de commerce de la Seine, 17 mars 1890. *Revue des sociétés*, 1890, p. 391.

doivent s'entendre d'opérations impliquant des rapports suivis et prolongés. Sur ce point, le dernier état de la législation se trouve avoir reçu un adoucissement notable, car la loi du 23 mai 1863 défendait aux administrateurs de s'intéresser dans une opération quelconque, par conséquent même dans une opération isolée et accidentelle. Depuis la loi de 1867, il faut qu'il s'agisse d'un marché ou d'une entreprise, c'est-à-dire d'une convention dont l'exécution dure un certain temps, et suppose des actes multiples se rapportant à une même affaire.

Il serait, par exemple, défendu aux administrateurs de se faire entrepreneurs d'une construction que la société veut édifier, de promettre à la société de lui faire des fournitures au mois ou à l'année, d'assurer la société contre l'incendie ou autres risques. Mais un administrateur peut faire avec la société des actes de commerce, même réitérés, pourvu qu'ils ne se rapportent pas à une même affaire ou à une même entreprise ; il peut, par exemple, lui vendre ou lui acheter des marchandises, faire avec elle des opérations d'escompte (1). Enfin, il est admis que la prohibition portée par l'article 40 de la loi de 1867 ne s'applique pas aux marchés et entreprises qui se font par adjudication, avec publicité et concurrence. Il est en effet certain dans cette circonstance que l'administrateur n'a pas pu sacrifier l'intérêt de la société qu'il représente à son intérêt personnel, les

(1) Lyon-Caen et Renault, n° 480. — Boistel, n° 312 et suivants. Vavasseur, *Des sociétés*, n° 826.

conditions mêmes de l'entreprise suffisant à elles seules pour déjouer ses calculs (1).

81. — L'article 35 du projet de loi sur les sociétés par actions voté par le Sénat, les 31 octobre et 29 novembre 1884, disait qu'il est interdit aux administrateurs de prendre ou de conserver un intérêt direct ou indirect dans une entreprise ou dans un marché fait avec la société ou pour son compte, à moins qu'il n'y soit autorisé nominativement et expressément pour chaque affaire par l'Assemblée générale.

La loi de 1867 est loin d'être aussi précise que les termes de ce projet. La défense aux administrateurs d'avoir un intérêt personnel dans un marché ou une entreprise faite avec la société ou pour son compte est édictée dans l'intérêt des actionnaires. Or il est possible que l'affaire soit jugée avantageuse pour eux, et, s'ils le pensent eux-mêmes ainsi, il n'y a pas de raison pour maintenir la prohibition légale. Aussi le deuxième alinéa de l'article 40 autorise-t-il l'Assemblée générale des actionnaires à écarter l'incapacité qui pèse sur les administrateurs; elle a des pouvoirs absolus pour habiliter les administrateurs à traiter des marchés dans lesquels ils sont personnellement intéressés. Cela va de soi lorsque l'autorisation est donnée avant la conclusion du marché ou de l'entreprise, ou, comme le disait l'article 35 du projet que nous venons de rapporter, lorsqu'ils ont reçu une autorisation nominative et expresse

(1) Tripier. Tome II, p. 237 et suivantes.

de l'Assemblée générale. Mais cette précision n'existant pas dans le texte de la loi de 1867, on admet généralement que l'autorisation des actionnaires pourrait n'intervenir qu'après coup, pour régulariser l'opération. Il a été jugé que l'approbation ultérieure des actionnaires peut couvrir l'infraction aux règles posées par l'art. 40 de la loi de 1867 (1).

Pour justifier cette solution, on fait valoir qu'il est nécessaire, dans bien des circonstances, que le marché puisse être conclu par la société avec son administrateur personnellement intéressé, parce que l'obligation de se munir d'une autorisation préalable apporterait souvent des entraves à l'entreprise (2). Exiger, en effet, la convocation d'une assemblée d'actionnaires, pour permettre à l'administrateur de traiter régulièrement, ce serait perdre un temps quelquefois précieux pour la réussite de l'entreprise commerciale. Aussi l'administrateur peut-il conclure le marché ou souscrire l'entreprise, dans laquelle son intérêt propre est en jeu, sauf à en référer à l'Assemblée générale et à obtenir sa ratification.

82. — Aucune difficulté ne s'élève lorsque l'Assemblée consent à valider après coup le marché conclu dans des conditions irrégulières. Mais qu'arrivera-t-il si elle refuse d'autoriser l'administrateur à garder un intérêt dans l'entreprise passée avec la société?

(1) Tribunal de commerce de la Seine, 25 juin 1888. *Gaz. Pal.*, 1888. 2, 266.

(2) Paul Pont, *Du contrat de société*, n° 540.

L'administrateur devra-t-il démissionner pour garder son intérêt dans l'entreprise, ou bien renoncer à cet intérêt pour rester administrateur ?

La question est délicate; mais il nous semble que l'administrateur ne pourrait pas se dégager vis-à-vis de la société, en donnant sa démission, après que le marché aurait été passé ; celui-ci n'en aurait pas moins été conclu dans des conditions suspectes et dangereuses pour les intérêts sociaux que la loi a voulu sauvegarder. Toutefois l'Assemblée générale des actionnaires, seule juge des intérêts de la société, pourrait toujours accepter la démission offerte par l'administrateur (1). Même après avoir obtenu l'assentiment de l'Assemblée générale, l'administrateur doit lui présenter un compte spécial de l'exécution des marchés et entreprises par elle autorisés, afin de prévenir les abus et les fraudes auxquels l'exécution de ces marchés pourrait donner lieu (2).

L'article 40 de la loi de 1867 n'a pas de sanction pénale (3). L'administrateur en faute pourrait être révoqué (4) ; il pourrait être condamné à des dommages-intérêts, mais seulement si l'entreprise a causé un préjudice à la société (5).

(1) Vavasseur, n° 824. — Contra : Paul Pont, n° 540.

(2) Paul Pont, n° 1641. — Vavasseur, n° 827.

(3) Paris, 18 mars 1887. D. 88. 2. 129. — 20 janvier 88. D. 89. 2. 265.

(4) Trib. comm. Nantes, 26 janvier 1881. Jour. des Sociétés, 84. p. 387.

(5) Trib. comm. Nantes, 26 janvier 1881 précité. — Vavasseur n° 228. — Paul Pont, n° 1642.

83. — L'action en responsabilité dirigée contre les administrateurs qui ont pris un intérêt illicite dans un marché conclu avec la société est une action individuelle, mais sociale, en ce sens qu'elle peut être intentée par chaque associé dans la mesure de son intérêt personnel, et qu'elle trouve son fondement dans la violation des statuts sociaux. Mais comme l'Assemblée générale a pouvoir pour régulariser l'entreprise indûment conclue par l'administrateur avec la société, un vote de l'Assemblée générale peut éteindre l'action intentée contre l'administrateur responsable par un associé ou un syndicat d'associés (1).

Au cas où aucune ratification ultérieure ne viendrait mettre à couvert la responsabilité des administrateurs, la condamnation prononcée par les tribunaux devrait être adéquate au préjudice subi par la société, en d'autres termes, elle devrait comprendre tout le bénéfice réalisé par l'administrateur (2). Mais la contravention de la part d'un administrateur à la disposition de l'article 40 ne saurait entraîner la nullité de la société (3).

84. — Après avoir ainsi délimité la responsabilité des administrateurs qui enfreignent la prohibition de la loi de 1867, que faut-il statuer sur la validité des marchés qu'ils ont conclus avec la société ?

(1) Trib. comm. Seine, 25 juin 1888. Gaz. Pal. 88. 2. 266.
(2) Trib. comm. Toulouse, 25 mai 1886. Rev. des sociétés, 87. p 69.
(3) Nantes, 26 janvier 1881, précité.

L'opinion générale est qu'il convient ici de faire une distinction. Si le marché dans lequel un administrateur a un intérêt a été conclu par lui-même avec la société, sa résiliation peut être demandée parce qu'il a été passé par une personne sans qualité et en dehors de son mandat (1).

Mais si le marché n'a pas été fait par l'administrateur, à supposer qu'il n'y ait pas eu fraude, il n'y a pas de raison pour l'annuler (2). La Cour de Paris a décidé dans ce sens que le marché non autorisé par l'Assemblée générale n'est opposable à la société que dans la mesure du profit qu'elle en a tiré (3).

85. — La même distinction entre les sociétés anonymes et les sociétés par intérêts doit être reproduite lorsqu'il s'agit de résoudre le point de savoir si un associé qui s'est retiré de la société peut faire concurrence à l'entreprise dont il a cessé d'être membre.

Aucun doute ne saurait s'élever quand la société a revêtu les formes de l'anonymat. Durant l'existence de la société anonyme, l'actionnaire qui n'est pas administrateur peut sans contredit exercer un commerce similaire à celui de la société ; à plus forte raison conserve-t-il cette faculté quand il a négocié la part qu'il avait dans l'exploitation collective. On doit décider de même si au lieu d'un actionnaire non adminis-

____

(1) Bedarride, n° 461. — Lyon-Caen et Renault, tome 2, n° 822. — Paul Pont, n° 1642. — Paris, 1er juin 89. Rev. des Soc., 89 p. 73.
(2) Lyon-Caen et Renault, loc. cit., et Paul Pont, idem.
(3) Paris, 20 janvier 1888, précité.

trateur, on envisage maintenant l'actionnaire qui occupe dans la société une fonction d'administration. Tant qu'il est encore membre du conseil d'administration auquel il doit réserver, conformément à l'article 1847, comme nous l'avons exposé plus haut, toute son activité et toute son habileté professionnelle, il ne peut, par la force des choses, concurrencer l'entreprise qu'il a le devoir de diriger. Mais dès qu'il a résigné ses fonctions d'administrateur, qu'il est redevenu simple actionnaire, il reprend le plein exercice de sa liberté commerciale, qu'évidemment il conserve après avoir aliéné sa part d'associé. C'est tout au plus si l'article 1382 du Code civil, qui réprime la concurrence déloyale, pourrait s'appliquer plus facilement à un ancien administrateur qui devient le rival de l'entreprise commerciale, à la tête de laquelle l'avait placé la confiance des actionnaires, qu'à un tiers resté toujours étranger à la société. Grâce, en effet, aux anciennes fonctions qu'il occupait, l'administrateur a pénétré le secret des affaires de la société dont il s'est retiré. S'il abuse dans son intérêt personnel de la connaissance qu'il possède ainsi des ressources de la société, de ses procédés d'exploitation, et de ses méthodes de travail, il commet incontestablement un délit civil qui le rend passible de dommages. Mais, sous cette réserve, rien ne fait plus obstacle à ce qu'il reprenne l'exercice normal de sa liberté commerciale et qu'il s'établisse en concurrence avec l'entreprise qu'il dirigeait autrefois.

On n'aurait qu'à appliquer les mêmes principes aux

sociétés par intérêts, si pour celles-ci la retraite de
l'un des associés n'était une cause ordinaire de dissolution. Lorsque dans les sociétés à durée illimitée un
associé a renoncé au droit de faire partie de la société,
celle-ci ne peut plus continuer à fonctionner et elle est
obligée de se mettre en liquidation. Dans cette circonstance chaque ancien associé reprend le droit de s'établir pour son compte peronnel, et de chercher à rallier
la clientèle de la société qui n'existe plus.

86. — Cependant, il pourrait se faire que le fonds
de commerce qui appartient à la société ait été mis en
vente et qu'un associé se fût porté adjudicataire de
l'entreprise sociale. Mais il nous suffit, pour résoudre
les difficultés que soulève cette hypothèse, de renvoyer
aux principes que nous avons étudiés déjà, touchant les
effets généraux d'une cession de fonds de commerce ;
que l'adjudicataire soit un tiers ou un associé, il n'y a
aucune raison pour distinguer entre ces deux cas. Les
associés colicitants doivent garantie, sauf clause contraire du cahier des charges, à l'associé adjudicataire.
Les règles que nous avons précédemment dégagées
s'appliquent dans leur ensemble et sans aucune difficulté
à la cession d'un fonds de commerce, au cas de liquidation d'une société. Si le pacte social est muet sur
les conditions dans lesquelles se fera, lors de la dissolution, la liquidation du fonds de commerce, les associés peuvent le céder comme ils l'entendent, avec ou
sans convention de non-rétablissement.

87. — Il arrive quelquefois que les statuts prévoient

la façon dont on devra procéder à la liquidation du fonds de commerce social, et fixent les conditions de rétablissement des associés non adjudicataires. La validité d'une pareille clause s'appréciant d'après les règles que nous avons surabondamment développées, il est inutile de les exposer à nouveau (1).

88. — Les difficultés ne se présentent que lorsque les associés ne sont pas d'accord sur la question de savoir s'il y a lieu d'insérer dans le cahier des charges destiné à régir la vente, des clauses particulières de garantie, ou que s'ils ne peuvent s'entendre sur la portée de ces clauses. Il peut se faire, par exemple, que l'un des associés voudra faire insérer dans le cahier des charges une interdiction commune de se rétablir,

---

(1) Un exemple de restriction par suite du retrait de l'un des associés est fourni par le procès retentissant de Coquelin aîné contre la Comédie-Française. Paris, 21 avril 1896. S. 97. 2. 9.

Lorsque Coquelin fut reçu sociétaire de la Comédie-Française, il déclara adhérer aux actes constitutifs de la Société. L'article 85 du décret de Moscou (15 octobre 1812) lui interdisait, après sa mise à la retraite, de jouer sur aucun théâtre de Paris ou des départements, sans autorisation du ministre.

En 1887, après avoir touché sa part de fonds sociaux et sa pension de retraite, Coquelin prétendit avoir le droit de remonter sur la scène: le décret de Moscou devait être considéré comme abrogé, étant contraire à la liberté du commerce.

Le tribunal de la Seine dans son jugement du 14 mars 1895, et la Cour de Paris dans son arrêt confirmatif du 21 avril 1896, donnèrent gain de cause à la Comédie-Française. Mais, comme le contrat avait été fidèlement exécuté dans sa plus grande partie, ils n'exigèrent pas la restitution de la part du fonds social touché ni de la pension de retraite. Les juges défendirent à Coquelin de jouer à Paris sans autorisation du ministre des Beaux-Arts, faute par lui de payer 500 francs par représentation à concurrence des trente premières qu'il donnera.

tandis que les autres prétendront au contraire conserver intact dans l'avenir leur droit d'exercer un commerce similaire.

La solution d'une pareille contestation est fort délicate, à raison de la contrariété des intérêts qu'elle met
en jeu. Il semble bien que les associés opposants doivent avoir gain de cause, parce que la liberté du commerce est une règle à laquelle on ne peut déroger que
par un consentement exprès ou implicite, mais dans
tous les cas certain : c'est en effet ce qu'a décidé le
tribunal de commerce de la Seine dans ces termes que
nous rapportons : « La liberté de faire le commerce et
de s'établir dans ce but est une propriété individuelle
qui demeure aux mains de chacun tant qu'elle n'est
pas aliénée », et qui fait obstacle par conséquent « à
une interdiction de tout ou partie de l'exercice de son
droit, et ce, dans l'intérêt, fût-il même justifié, de la
vente d'un fonds de commerce indivis entre les
parties (1). »

La Cour de Paris, appelée à se prononcer sur la
même affaire, a pourtant adopté un point de vue op-
posé, pour ce motif « qu'en matière de liquidation et
quand il s'agit de réaliser une propriété indivise, les
clauses et conditions de la vente doivent tendre à
obtenir le prix le plus élevé possible de la chose vendue, et à attirer à cet effet un nombreux concours
d'adjudicataires ; que l'intérêt commun des colicitants

(1) Seine, 16 août 1882. D. P., 84, 2, 260.

doit être spécialement protégé sans que l'intérêt particulier de chacun d'eux puisse y porter préjudice. »

La question, portée devant la Cour de cassation, y a reçu une solution identique, parce qu'une pareille décision ne pouvait constituer une atteinte au principe de la liberté du commerce, la restriction imposée étant limitée, et étant de plus en parfaite conformité avec la loi de l'égalité des partages (1).

89. — Nous entrerons à notre tour dans la voie où s'est engagée la Cour de Paris et la Cour suprême après elle, mais en apportant à notre adhésion à cette théorie quelques réserves nécessaires : comme en matière de faillite, nous trouvons ici en conflit deux intérêts contradictoires, qui doivent non pas s'exclure, mais se combiner ; les tribunaux devront apprécier l'opportunité de la clause d'interdiction que l'un des associés propose d'insérer au cahier des charges, contrairement à la volonté des autres : cette clause restreindra-t-elle dans de justes limites la liberté commerciale de chacun pour le plus grand bien de l'intérêt collectif? Les juges, dans leur saine raison, seront souverains appréciateurs de cette question.

90. — Il arrive très souvent que les statuts sociaux prévoyant la retraite de l'un des associés stipulent que la société continuera entre ceux qui continuent à se rattacher à l'exploitation commune. L'associé re-

____

(1) Cassation, 9 janvier 1884, D. P., 85, 1, 82, et S. 84, 1, 420, noté.

nonçant n'a pas alors le droit d'exiger la mise en adjudication du fonds social, puisque la société continue entre les autres associés. Mais reprend-il du moins l'exercice de sa liberté commerciale ? Peut-il faire concurrence à la société dont il ne fait plus partie ?

La solution que comporte cette difficulté est évidemment que l'associé renonçant recouvre de drcit commun la possibilité de s'établir dans un commerce similaire à celui qui fait l'objet de l'exploitation sociale. Cela découle d'abord de la faculté que chaque associé s'est réservée de renoncer à l'entreprise, du moins quand la société a une durée illimitée. En exerçant son droit de renonciation, il entend reprendre sa liberté tout entière, se dégager d'une façon absolue de la chaine qui l'unissait à l'exploitation collective; son but serait manqué, s'il devait une garantie quelconque à la société dont il ne veut pas faire partie.

Mais rien ne ferait obstacle à ce que le pacte social, prévoyant la retraite d'un associé, ne portât contre lui une interdiction de se rétablir dans un commerce similaire à celui de l'entreprise sociale. Une pareille clause serait valable, nous le savons, pourvu du moins que l'interdiction de se rétablir fût restreinte quant au périmètre, à la durée ou à l'objet.

Disons plus, à défaut de toute convention expresse dans les statuts, la renonciation ne doit pas être intempestive, c'est-à-dire frauduleuse, faite, par exemple, dans l'intention de profiter d'un bénéfice qui serait acquis à la société, et que l'associé renonçant prétendrait garder pour lui-même, en exploitant désormais pour son compte le commerce social. Faite à contre-temps ou dans un but de lucre, sa renonciation l'exposerait à des dommages-intérêts ; en d'autres termes, la faculté de renoncer ne permet pas à l'associé qui l'exerce de se retirer à sa guise de la société pour acquérir lui-même, en se rétablissant dans un commerce similaire, un profit qui, sans sa retraite, serait tombé dans la société. (Article 1870 du Code civil.)

91. — Toutes les fois que la société est dissoute d'une façon définitive, le liquidateur reçoit ordinairement le pouvoir de mettre le fonds social en adjudication. Le tiers qui se porte acquéreur de l'établissement exploité par la société en état de dissolution, a le droit de demander garantie, conformément aux principes que nous avons développés en traitant des cessions de fonds de commerce, aux anciens associés qui se rétabliraient en concurrence avec lui dans un commerce similaire.

Cette proposition ne s'entend évidemment que des associés en nom collectif. L'obligation de garantie ne saurait incomber de droit commun aux commanditaires ou aux actionnaires d'une société anonyme qui sont inconnus des tiers. Il faudrait, pour que les principes de la garantie leur fussent extensibles, que ces associés aient pris une part quelconque à la rédaction du cahier des charges, ou aient signé l'acte de cession.

Sur ces divers points, aucune difficulté ne s'aurait s'élever, mais la question devient douteuse quand il s'agit de préciser le sort de la raison sociale et l'usage que l'acquéreur de l'établissement autrefois exploité en société peut faire du nom de celle-ci.

Après l'extinction de la société, il semble bien que la raison sociale doive complètement disparaitre, et que personne ne puisse s'en emparer. Toutefois, si le successeur de la société ne peut faire un usage direct de la raison sociale, du moins peut-il prendre la qualification de successeur de la société, c'est-à-dire se prévaloir de la raison sociale, à la condition de bien indiquer sa qualité de successeur. « Le fonds de commerce, écrit M. Bédarride (n° 759), doit être, après la dissolution de la société, licite comme dans le cas d'indivision entre héritiers, et l'adjudicataire a le droit exclusif de prendre la qualification de successeur de la société. »

La solution de cet auteur nous paraît certaine ; lorsque les anciens associés se sont réservé le droit de se rétablir, ils ont cependant abdiqué celui de rappeler qu'ils faisaient jadis partie de la société dissoute, en faisant précéder leur signature de la mention « ancien associé de telle société », qu'ils désigneraient par sa raison sociale. S'ils en conservaient le pouvoir, ils évinceraient le tiers adjudicataire de l'avantage qu'il a entendu acquérir de faire un usage exclusif de la raison sociale de l'entreprise dont il a pris la suite.

C'est en vain que l'on prétendrait avec M. Pouillet, (*Traité des Marques de fabrique et de la Concurrence déloyale*) « qu'il y aurait dans certains cas une souve-

raine injustice à attribuer le bénéfice de la raison sociale à l'acquéreur du fonds, par cela seul qu'il aurait
mis la plus forte enchère, et à en priver l'associé moins
riche dont le nom, on peut le supposer, composait
précisément la raison sociale. »

S'il est vrai que la raison sociale soit un des éléments essentiels de l'entreprise dont l'adjudicataire a
pris en main la continuation, parce que c'est par la réputation et la notoriété de sa raison sociale que l'ancienne société a réuni un élément important de clientèle et d'achalandage, cette partie du fonds de commerce doit être transmise sans éviction possible, au
cessionnaire. Or, il y aurait manquement à la foi du
contrat de la part de l'un des cédants, alors même
qu'il se serait réservé le droit de se rétablir pour son
compte, s'il prétendait cumuler avec l'adjudicataire, le
droit de se réclamer de la société disparue. Quand
bien même la raison sociale serait composée, précisément comme le suppose M. Pouillet, du nom de l'associé le moins riche, qui n'a pas pu se rendre acquéreur du fonds en poussant les enchères aussi loin que
le tiers adjudicataire, il ne faudrait pas voir dans
cette circonstance un fait de nature à lui permettre
de faire usage de la raison sociale abolie, ou plutôt
transmise à l'acquéreur du fonds de la société. En
adoptant cette solution, on ne prive pas l'associé de
l'usage de son nom personnel : on lui défend simplement, de faire suivre ce nom de la rubrique « et Cie »,
en rappelant qu'il faisait partie jadis de la société que

cette mention servait à désigner. Aussi, ne verrions-
nous pas, dans cette matière, une pure question de
fait et de circonstance autorisant les tribunaux à régler, au mieux des intérêts de tous, la situation des
associés. Le droit d'invoquer l'ancienne raison sociale
ne saurait appartenir qu'à l'adjudicataire, à moins que
les statuts sociaux ou une clause particulière du cahier
des charges n'aient réglé, en sens contraire, la difficulté que nous étudions. Adopter l'opinion professée
par M. Pouillet serait rendre les enchères moins productives, contrairement aux intérêts de tous les associés, en faisant craindre à l'adjudicataire la concurrence particulièrement redoutable des anciens associés,
qui pourraient facilement, en rappelant leur qualité
d'ancien membre de la société dissoute et liquidée,
faire au nouveau titulaire du fonds une concurrence
des plus désastreuses.

92. — La jurisprudence paraît, d'ailleurs, fixée dans
le sens de la solution à laquelle nous nous rattachons.
Il a été jugé, notamment, que l'acquéreur d'une maison de commerce dont le fonds est vendu après dissolution de société, a le droit de se servir du nom de
l'ancienne société, en indiquant qu'il en est le successeur, et l'ancien associé ne peut s'en plaindre, alors
même que son propre nom figurerait dans celui de
la société (1).

Dans une hypothèse voisine, le Tribunal de la Seine
a décidé que l'acquéreur d'un fonds de commerce a le

(1) Paris, 28 juin 1856. Pataille, 56. 252.

droit de continuer à se servir de la marque et de la raison sociale sous laquelle le fonds est connu, et de se dire seul successeur. Il suit de là que l'ancien associé qui se rétablirait conformément à des conventions particulières, ne peut user de son propre nom, de façon à faire confusion avec l'ancienne maison. Pour éviter toute méprise à ce sujet, il convient de lui imposer l'obligation de faire précéder son nom de ses prénoms, en caractère d'égale grandeur, et d'ajouter la date de fondation de la nouvelle maison (1).

Il va de soi, que si la cession d'un fonds de commerce comprend par elle-même l'acquisition par le nouveau titulaire du droit de faire usage de la raison sociale en indiquant sa qualité de successeur, celui des membres de l'ancienne société dont le nom figurait dans l'ancienne raison sociale et qui s'est réservé le droit de se rétablir, peut apporter ce nom à une société nouvelle se proposant d'exercer la même industrie que l'ancienne ; mais à la condition de ne pas s'en faire un instrument de concurrence illicite contre l'ancienne maison (2).

93. — La Cour de Paris a cependant décidé que l'associé qui, lors de la dissolution de la société, achète le fonds social, ne peut prendre le titre de « ancienne maison telle », du moins lorsque son coassocié ne s'est pas interdit le droit de se rétablir. Il ne faut pas,

(1) Tribunal de commerce de la Seine, 12 septembre 1867. Teulet, 17, 28.

(2) Paris, 5 juin 67. Pataille 67. 301.

en effet, qu'une telle énonciation puisse faire croire au public que ce dernier associé n'est plus dans les affaires, et il appartient dans ce cas .aux tribunaux d'ordonner que la mention « Ancienne maison tel » sera remplacée par celle-ci : « Ancien associé de la maison tel (1). »

94. — A cette matière, on peut rattacher l'examen d'une décision de jurisprudence (2) qui déclare valable la convention par laquelle différents membres d'une même famille s'engagent les uns envers les autres à ne plus exercer une certaine industrie dans une ville ou dans un rayon déterminé. Généralement, de pareilles stipulations interviennent à l'occasion d'un partage qui a mis le fonds de commerce dans le lot d'un cohéritier, moyennant le paiement par celui-ci d'une soulte au profit des autres. Ceux-ci sont garants des droits qu'ils cèdent à leur cohéritier, et ne peuvent plus se rétablir dans le même commerce, selon les conditions contenues dans l'acte de partage.

Les mêmes règles doivent évidemment s'appliquer aux partages de succession comme aux partages de sociétés.

(1) Paris, 22 août 1845. (*Gazette des Tribunaux*, 23 août)
(2) Cassat. 18 mai 1868. *Ann. propr. ind.* 68, 341.

CHAPITRE III

RESTRICTIONS RÉSULTANT DU CONTRAT DE LOUAGE

95. — Les clauses d'interdiction de s'établir dans un commerce similaire ou d'engager ses services au profit d'une maison concurrente, ne sont pas particulières aux cessions volontaires ou forcées d'un fonds de commerce. La fréquence de telles stipulations dans les contrats de louage de services nous impose l'obligation de les soumettre à un examen critique analogue à celui auquel nous avons procédé quand nous en avons étudié le fonctionnement à propos des contrats de vente et de société. Dans les deux cas, leur but est le même : elles ont pour fonction d'instituer une protection contractuelle contre la concurrence particulièrement redoutable pour un commerçant d'une personne plus ou moins initiée au secret de ses affaires, prédécesseur ou ancien employé.

Il semble donc, de prime abord, que cette identité de fins doive assujettir dans les contrats de vente et dans ceux de louage d'industrie, les clauses d'interdiction de s'établir ou d'engager ailleurs ses services, à une même et unique réglementation : ce point de vue est en effet celui de la jurisprudence française, dont nous allons exposer le système avant de le critiquer.

96. — De droit commun, l'employé est, à l'expiration de son contrat, entièrement dégagé envers son patron ; il peut s'établir pour son compte dans un commerce similaire à celui qu'il vient de quitter, ou bien entrer dans une maison concurrente. Le principe de la liberté du travail, non moins que celui de l'indépendance naturelle des individus vis-à-vis les uns des autres, imposent cette solution. Il lui est loisible, après la rupture du contrat, de profiter de l'expérience commerciale ou de l'habileté professionnelle acquise pendant sa durée, soit dans son intérêt personnel, soit dans l'intérêt d'un autre commerçant.

En s'établissant pour son compte, il a même le droit de faire connaître sur son enseigne, dans ses circulaires, dans ses annonces, la situation qu'il occupait chez son ancien patron, et de s'en prévaloir pour s'attirer la confiance du public. Nul ne pourrait l'empêcher de rechercher la notoriété commerciale, en se disant l'employé, l'apprenti, l'élève, l'opérateur de telle industriel bien connu, ou de tel praticien à la mode (1). Tant que l'ancien employé se contente de rechercher

____

(1) Paris, 5 mars 1839. Pand. 39. 1 280. — Bordeaux 2 février 86. Rev. de Bord. 86, 1. 197. Trib. comm. Seine, 17 juin 37. Droit, 18 juin 1837. — Id. 1855. Annales, 1855. 160. — Paris, 27 mars 1889. Gaz. Pal. 89. 1. 632.

les faveurs de la clientèle , en indiquant des faits exacts ou en mettant en œuvre de simples procédés d'exécution, dont il a appris l'usage pendant qu'il était au service de l'exploitation rivale, sa concurrence est loyale et légitime. Mais ses agissements deviennent répréhensibles s'il dénature le rôle qu'il jouait chez son patron ; il commet le délit de concurrence déloyale, s'il exagère l'importance des fonctions qu'il remplissait auprès de lui, ou essaye par des manœuvres frauduleuses d'engendrer la confusion entre l'établissement d'où il sort et l'établissement qu'il détient ; s'il use des secrets de fabrication qu'il a connus chez son patron, ou s'il se sert d'inventions faites par ce dernier et protégées par un brevet.

97. — En résumé, l'employé, à l'expiration du contrat de louage de services, retrouve sa liberté d'action et ne saurait être vis-à-vis de son ancien patron dans une situation plus défavorable qu'un tiers. Mais par des clauses spéciales, conclues au moment de l'entrée de l'employé au service du patron, celui-ci, prévoyant le moment de la rupture du contrat, a intérêt à obtenir de l'employé une promesse d'interdiction de s'établir pour son compte, ou d'entrer dans une maison similaire, car il veut éviter une concurrence qui pourrait être pour lui très dangereuse.

98. — Il est d'abord hors de doute qu'une prohibition absolue dans l'un ou l'autre de ces sens, devrait être interdite comme contraire à la liberté du com-

merce (I). Cette solution est évidemment la même, et pour les mêmes motifs, que dans les ventes de fonds de commerce.

99. — A la prohibition absolue de s'établir, il faudrait assimiler une clause d'interdiction faite pour une durée si longue qu'elle équivaudrait à une prohibition absolue. En effet, aux termes de l'article 1780 du Code civil, on ne peut engager ses services à perpétuité ; par conséquent, on ne doit pas pouvoir renoncer à la liberté de travailler à sa guise, pour une durée illimitée. C'est ce qu'a jugé la Cour de cassation dans l'espèce suivante :

Des ouvriers avaient formé entre eux une société pour trente années et avaient inséré dans les statuts une clause interdisant aux associés qui se retireraient, d'exercer le même commerce ou la même industrie pendant toute la durée de la société. Ce temps a paru tellement long, que leur liberté ne saurait plus avoir d'utilité quand elle leur serait rendue, à l'expiration de la société (2).

De même, la clause portant que l'employé qui, après sa mise à la retraite et la réception d'une somme que lui remettra la Caisse de Prévoyance de la Compagnie ne pourra engager ses services à une autre société, n'est pas valable, car elle atteint à perpétuité la liberté de l'employé. Mais la réception de la somme

(1) Cassat. 11 mai 1858. S. 58. 1. 747.— Caen, 7 janv. 65. Rev. de Caen 67, 11 — Cassat. 25 mai 69, S. 1, 307.
(2) Cassat. 19 décem. 1860, S. 61, 1, 504.

ayant eu pour cause cet engagement illicite, cette somme devra être restituée.

D'après la jurisprudence française, l'interdiction de s'établir n'est donc valable que si elle est limitée suivant une mesure raisonnable, soit quant au temps, quant au lieu, quant au territoire. C'est alors une simple mesure de précaution que prend le patron pour éviter les effets d'une concurrence redoutable (1).

100. — Ces engagements seraient valables, alors même que le patron se serait réservé le droit de rompre le contrat à son gré. En effet, l'engagement de l'ouvrier qui a été contracté en échange de l'obligation du patron de rémunérer l'ouvrier tant qu'il le servirait, ne devient pas sans cause au cas de rupture du contrat. Il apparaît toutefois que l'employé ne serait pas tenu de respecter la clause, si, après avoir été engagé, il se trouvait renvoyé sans motif sérieux (2).

101. — L'interdiction relative de s'établir n'est pas seulement valable pour le patron ; elle profite aussi au successeur qui reprend la maison (3).

(1) Caen, 24 j. 54. S. 57. 2. 214. — Metz, 26 j, 56. S, 58, 2. 37. — Douai, 31 mai 64, S. 64. 2. 264. — Cassat. 24 j. 66. S. 66. 1. 43. — Paris, 26 j 67. S. 67. 2. 153. — Cassat. 6 août 78. S. 79. 1. 65. — Paris, 23 juin 82. S. 83. 2. 13. — Toulouse, 22 août 82, S. 83. 2. 64. — Bordeaux, 23 août 83. D. 84. 2. 225. — Trib. comm. Seine, 23 mai 85. Jour. Trib. Comm. 86. 186

(2) Trib. de Mayenne, 3 mars 92, Gaz. Palais 92. 1. 120.

(3) Paris, 3 juin 56. Trib. comm. t. 5. p. 478. — 17 mai 62. Journal Trib. comm. t. 21. p. 326. — 23 juin 82. Gaz. Palais 83. 1. 491.

L'employé qui viole cette prohibition s'expose à des dommages-intérêts. Souvent même, dans le contrat contenant l'interdiction, le patron stipule une clause pénale que le commis devra payer en cas de contravention : les tribunaux en font l'application.

Si, pour éluder l'interdiction, le commis se couvre d'un prête-nom, celui-ci doit être condamné à payer solidairement avec lui les dommages-intérêts (1).

102. — Toutes ces clauses doivent être interprétées restrictivement dans l'intérêt de l'employé, comme étant de droit étroit (art. 1162 du Code civil). Aussi l'engagement pris par un ouvrier de ne pas travailler dans un rayon déterminé à la sortie de l'atelier de son patron actuel n'a pas paru suffisant pour lier l'ouvrier, s'il a été pris en vue de l'époque convenue pour la fin de son engagement, et si l'ouvrier ayant continué ses services après cette époque, cette restriction n'a pas été renouvelée (2).

103. — Il est difficile de s'élever contre une jurisprudence aussi bien assise, aussi uniformément acceptée. Pourtant il y a lieu de se demander si de pareilles décisions sont rigoureusement fondées au point de vue juridique, et si elles n'atteignent pas la liberté individuelle dans ce qu'elle a d'essentiellement inaliénable.

Sans doute les tribunaux interprètent de la façon la plus restrictive les clauses d'interdiction stipulées

(1) Paris, 3 juin 56. Jour. Trib. comm. t. 5, p. 478., et 7 juillet 66, Jour. Trib. comm., t. 26, p. 253.
(2) Trib. comm. Nantes, 1er juillet 1885.

contre l'employé ; sans doute, ils exigent soigneusement pour les valider, que ces clauses soient essentiellement relatives à un lieu, à un rayon, à un temps déterminé. Mais, même dans cette mesure, le contenu de pareilles conventions nous paraît illicite, et comme tel entaché de nullité d'après les principes généraux.

104. — Il ne faudrait pas se contenter de dire pour valider les clauses d'interdiction qu'elles sont les accessoires d'un contrat licite et qu'elles sont valables; restreintes dans de justes limites, comme le contrat principal auquel elles ont été adjointes.

Un pareil raisonnement serait acceptable pour la vente, mais il nous paraît pécher par la base quand on le reproduit à propos d'un contrat de louage d'industrie. La vente engendre naturellement, pour le cédant, l'obligation de garantie ; par ce seul fait qu'une vente a été conclue et qu'elle a un objet licite, il en découle pour le cédant la nécessité de garantir le cessionnaire, de lui assurer les avantages du fonds cédé.

Des clauses spéciales, destinées à préciser cette garantie, sont par conséquent aussi valables que les conventions tacites qui résultent de la vente elle-même. Au contraire, dans le louage de services, aucune obligation de ce genre n'existe au détriment de l'employé, du moins après l'expiration de son contrat. Pendant la durée de celui-ci, il doit, il est vrai, servir son patron avec dévouement et fidélité, et, s'il manque à cette obligation, le loueur a un juste motif de résilier la convention. Mais, une fois le temps ter·

miné, l'employé reprend son entière liberté ; à la
différence du vendeur dans ses rapports avec le cessionnaire, il ne doit plus rien à son patron. C'est donc
en elle-même, et abstraction faite du contrat principal
de louage de services, que doit s'envisager la validité
des clauses d'interdiction de s'établir ou d'engager
ailleurs son industrie; dans la vente, au contraire,
c'est en étudiant le contenu de la vente elle-même
que l'on est amené à parler de la garantie et des
pactes qui la précisent.

105. — Après cette observation de principe, voyons
si quelque critérium pourra nous servir à dégager la
validité de pareilles stipulations considérées isolément.

C'est en Allemagne qu'ont été faites pour la première
fois de pareilles recherches. Lemberg (1) s'est ainsi
posé la question qui nous occupe : dans quelle mesure
la liberté de l'individu peut-elle être limitée par contrat?

Nous n'envisagerons pas la difficulté d'une façon
aussi générale, l'ayant déjà résolue pour la vente des
fonds de commerce. Mais, nous plaçant exclusivement
sur le terrain du contrat de louage de services, nous
répondrons avec lui que «jamais la restriction de la
liberté individuelle ne peut atteindre l'essence de la
personnalité, que jamais elle ne peut ôter à celle-ci la
possibilité d'affirmer librement sa nature. »

Cette formule très abstraite demande à être dévelop-

______

(1) Lemberg, *Vertragsmässige Besehränkungen d:r Handelsund
Gewerbefreiheit.* Breslau, Roebner, 1888.

pée et éclaircie. Qu'entend-on par personnalité économique, personnalité inaliénable par contrat ?

« Pour nous, dit Lemberg, une telle personnalité consiste dans la somme des connaissances et aptitudes
propres à une application économique acquise régulièrement dans l'exercice d'une activité économique, et
au moyen de cet exercice. »

Mais, arrivé à ce point de ses déductions, Lemberg
reconnaît que l'étendue de cette personnalité varie
suivant les personnes ; tel travailleur absolument spécialisé dans une branche du commerce ou de l'industrie dans laquelle il a atteint le maximum d'habileté
professionnelle, est absolument impuissant à trouver
ailleurs le pain quotidien ; tel autre, au contraire, qui
n'a pas atteint ce même degré de spécialisation, a
la possibilité de trouver dans un autre emploi les
ressources nécessaires à son existence.

Ainsi, pour apprécier la validité des clauses d'interdiction de s'établir imposées à l'employé, il faudrait
rechercher en fait quel est le développement de la personnalité économique de celui qui s'y est soumis, et,
eu égard à ce développement, s'il n'a pas aliéné dans
une mesure absolue la possibilité de gagner son pain.

106. — Ce criterium est autrement scientifique que le
criterium de la jurisprudence française qui s'en tient
à cette donnée toute empirique : limitation de rayon
ou de lieu. Remarquons que le criterium de l'écrivain
allemand est bien plus rationnel que celui des tribunaux français. Ce n'est pas, en effet, dans une res-

triction relative an temps ou au lieu que peut se trouver la justification des clauses d'interdiction de s'établir ou d'engager ses services dans des conditions données. S'il est évident que l'ancien employé conserve sa liberté en dehors du rayon stipulé ou du délai imposé, il n'est pas du tout démontré que l'indication d'un périmètre ou d'un délai dans lequel l'ex-ouvrier s'est interdit la faculté de travailler d'après ses aptitudes, ne lui cause un préjudice irréparable.

Pour comprendre les vérités de cette proposition, il suffit de jeter un coup-d'œil sur l'organisation moderne du marché économique, et les conditions du travail dans le monde industriel.

Il est de nécessité absolue qu'un ouvrier puisse se porter sans aucun frein qui l'entrave là où le besoin de la main-d'œuvre se fait sentir. Lorsque le contrat de louage de services qu'il a souscrit se trouve terminé, il peut se faire que personne ne fasse appel à ses services, en dehors de l'endroit précis où il s'est engagé à ne pas travailler ; il peut arriver de même que, dans le délai de la prohibition, des offres d'engagement avantageux lui soient faites, qu'il sera obligé de décliner.

Les conventions d'interdiction du travail limitées soit quant au temps, soit quand au lieu, sont, on le voit, attentatoires par essence à la personnalité économique, telle que nous l'avons définie, puisque leur fonctionnement peut enlever à un travailleur la possibilité de gagner son pain.

107. — Il faut donc chercher dans un principe dif-

férent de celui auquel s'attache la jurisprudence française la justification des prohibitions dont nous parlons;
le criterium désiré ne peut, si l'on s'en tient à la théorie
de Lemberg, qu'être fixé dans chaque circonstance, eu
égard à la possibilité ou à l'impossibilité pour un ouvrier de faire emploi, après la clause d'interdiction qu'il
a souscrite, de ses aptitudes professionnelles.

Mais à quel signe les tribunaux reconnaîtront-ils
que l'individu est parvenu à un tel état de perfection
professionnelle qu'une clause d'interdiction, si limitée
qu'on la suppose, pourra le mettre dans l'impossibilité
de trouver à un moment donné les moyens de subvenir à ses besoins? Pousser les tribunaux dans cette
voie, ce serait ouvrir la porte à un arbitraire plus
dangereux que celui qui est le caractère de la jurisprudence française, dont les décisions s'attachent du
moins à la relativité de la limitation.

108. — La théorie de Lemberg, si elle nous a servi
à découvrir le vice de notre jurisprudence, n'est donc
pas applicable en pratique. On peut même se demander si le jurisconsulte allemand a tiré des conséquences
bien logiques des prémisses qu'il a posées. Il pose en
principe que la personnalité économique, c'est-à-dire
la possibilité de tirer un libre parti de ses connaissances acquises, de ses aptitudes professionnelles, ne
peut pas être atteinte ; l'ordre public s'oppose à ce
que dans des circonstances déterminées un individu ne
puisse, comme conséquence d'un contrat, subvenir aux
nécessités de l'existence N'est-ce pas là implicitement

décider que les clauses par lesquelles un travailleur renonce sans compensation à exercer son industrie ou son art sont entachées d'une nullité radicale ? C'est ce point de vue qu'il faut maintenant expliquer.

109. — La critique de Lemberg est une critique négative ; après avoir renversé le système de notre jurisprudence nationale, en mettant à jour la part irréductible d'iniquité qu'elle contient, il essaye d'échafauder un système qui, malgré son apparence scientifique, est inacceptable à tous égards.

Toutefois les idées du jurisconsulte allemand peuvent conduire l'interprète à un système positif des plus satisfaisants, si on consent à annuler comme contraire à l'ordre public et aux bonnes mœurs toute stipulation par laquelle un employé touche à sa liberté ; par laquelle, en engageant ses services, il consent, lors de la rupture du contrat de louage, à ne pas travailler pour son compte personnel, ou dans une maison faisant concurrence à celle de son ancien patron.

Ainsi arriverait-on à annuler une convention par laquelle un opérateur dentiste, en engageant ses services à un praticien, s'obligerait, lors de la rupture du contrat, soit à ne point s'établir dans la même ville pour son compte personnel, soit à ne pas entrer chez un concurrent de son ancien patron.

110. — Contre cette opinion (1), qui abandonne

(1) Cette opinion est empruntée à un professeur italien de l'Université de Messine, Angelo Straffa, qui l'a brillamment exposée dans un opuscule intitulé « Le Clausole di Concorrenza ». Torino, Bocca, 1898.

toutes les idées reçues dans la matière, se dresse une objection naturelle qu'il faut d'abord écarter. Pourquoi, nous dira-t-on, les clauses d'interdiction que vous avez validées dans la vente auraient-elles dans le contrat de louage de services un caractère illicite qui en exigerait l'annulation?

Nous avons déjà établi que de pareilles conventions ne sont pas une suite directe du contrat de louage, comme elles le sont du contrat de vente ; si donc nous les examinons avec le caractère accidentel qu'elles revêtent nécessairement dans le contrat que nous étudions, nous apercevons facilement la différence qui les sépare et les distingue des clauses destinées à renforcer la garantie dérivant d'une cession de fonds de commerce. Ces clauses sont en apparence identiques dans les deux cas ; en apparence seulement, car en matière de vente la garantie est une conséquence naturelle du contrat, parce que le vendeur reçoit dans le prix de la cession la valeur de sa clientèle, l'équivalent des restrictions qu'il s'impose. Dans le contrat de louage de services, au contraire, de pareilles clauses n'offrent rien en compensation à l'ouvrier qui les accepte.

111. — Cette affirmation n'est pas aussi paradoxale qu'elle peut le paraître à première vue. Ce serait une grave erreur de prétendre, qu'en acceptant des restrictions, l'employé a reçu quelque chose en échange; que le surcroît d'obligation qu'il s'impose est compensé par la rémunération que le patron s'engage à

lui servir pendant toute la durée du contrat. Ce serait vrai si l'acceptation d'une clause d'interdiction était accompagnée d'une élévation du taux du salaire : or il n'est que trop certain, aujourd'hui que ces clauses vont se généralisant de plus en plus et deviennent de style, qu'elles n'ont aucun effet sur le renchérissement de la main-d'œuvre.

L'employé ne les accepte que sous la pression des circonstances et sous l'empire de l'inéluctable nécessité de gagner le pain quotidien ; elles altèrent le caractère commutatif du contrat de louage de services en ce sens qu'elles sont tout entières édictées dans l'intérêt du patron et absolument oppressives pour l'ouvrier. On pourrait peut-être aller jusqu'à soutenir que l'employé ne les a pas librement consenties. Nous n'irons pas jusque-là ; mais il n'en est pas moins vrai qu'en les acceptant, l'employé n'a pu prévoir que d'une façon très imparfaite les conséquences qu'elles auraient pour lui après la rupture du contrat. Ces conventions sont immorales en ce sens que celui qui loue ses services sacrifie peut-être à un avantage immédiat la possibilité future de gagner un jour sa vie par son travail ; c'est là que se montre le côté dangereux pour l'ordre public de ces conventions : c'est en vertu de cette idée qu'elles nous semblent devoir être annulées.

112. — Toutefois, s'il était en fait démontré qu'en y souscrivant l'employé a reçu un dédommagement pécuniaire qui tiendra lieu pour lui du sacrifice qu'il

s'impose, la clause d'interdiction devrait être validée
parce qu'elle porterait alors en elle-même une cause
morale et licite. Elle a alors son profit pour l'employé
qui a eu peut-être même intérêt à la solliciter ; son
consentement du moins y apparaît plus libre ; il court
un aléa, mais il est certain par avance d'une contre-pres·
tation au cas où il viendrait à se réaliser. Il faudrait même
aller jusqu'à autoriser le juge à rechercher en fait si la
clause restrictive a été acceptée par un bon ouvrier,
qui de son côté a pu imposer ses conditions, et défendre ses intérêts, à raison de son habileté profess'on-
nelle qui fait rechercher ses services.

En dehors de toute compensation stipulée pour l'ouvrier, la clause d'interdiction doit rester nulle et de
nul effet, lorsqu'elle a simplement pour but d'apporter
des entraves, à l'expiration du louage de services, à la
concurrence honnête et loyale qu'un ancien employé a
le droit de faire à son patron.

113. — Mais les clauses d'interdiction peuvent avoir
un autre but, celui-ci parfaitement légitime. Le patron
a voulu, non pas empêcher cette concurrence honnête,
mais simplement renforcer à l'aide d'un contrat la protection que la loi lui accorde en matière de concurrence
déloyale. Il a senti que les manœuvres frauduleuses
qui la caractérisent seraient surtout faciles et redou-
tables chez un ancien employé, et il a voulu se ménager
une nouvelle défense, ou plutôt aiguiser, à l'intention
spéciale de cet ancien employé, une arme qu'il avait
déjà.

Nous avons dit qu'à l'expiration du contrat de louage qui le lie au patron, l'employé doit pouvoir recouvrer le plein exercice de son activité personnelle, et, à notre avis du moins, aucune convention contraire ne saurait avoir d'effet légal.

Mais, si l'employé est libre, nonobstant des prohibitions insérées dans son contrat de louage de services, de s'établir à sa fantaisie, il est envers son patron dans la situation d'un tiers qui ne peut lui faire concurrence par des procédés illicites. Or, le patron, au moment où il engage son serviteur, prévoyant précisément les actes dolosifs par lesquels ce dernier pourra, après la rupture du contrat, porter atteinte à son commerce, peut lui imposer certaines conventions ayant pour but d'indiquer de façon bien définie les actes dont il devra s'abstenir, et les dommages-intérêts qu'il devra, s'il accomplit un de ces actes.

114. — L'intérêt de la distinction entre les clauses tendant à anéantir une concurrence loyale, — nous les avons déclarées nulles, — et celles qui se proposent simplement de créer contre des manœuvres déloyales une protection plus efficace que celle de la loi, apparaît par exemple d'une façon très nette dans les questions d'usage des secrets de fabrique.

Au lieu de prendre un brevet, un inventeur est maître d'exploiter secrètement son invention : il court la chance d'en conserver indéfiniment le bénéfice, et risque par contre de la voir tomber immédiatement dans le domaine public, si elle vient à être découverte ou divulguée La loi ne lui doit aucune protection quand son invention est pénétrée par des moyens honnêtes, parce qu'elle ne garantit que les inventeurs qui ont sollicité la délivrance d'un brevet. Mais l'article 418 du Code pénal met l'inventeur non breveté à l'abri des divulgations malhonnêtes des secrets de sa fabrication émanant de tout directeur, commis et ouvrier qui y est employé.

La lecture même de ce texte indique bien que la protection de la loi n'est accordée au patron qu'à l'égard des employés actuellement à son service, au moment de la révélation. Elle ne saurait s'étendre aux employés qui, après avoir quitté l'entreprise où ils ont connu le secret de fabrication, le révéleraient à des tiers. Dans cette hypothèse, on conçoit l'intérêt que le patron a à créer par une convention expresse la garantie que la loi ne lui accorde pas. Il y a en effet quelque chose de malhonnête dans le fait d'abuser d'un secret de fabrication que l'on a surpris étant au service d'autrui, pour l'exploiter dans son intérêt personnel. Des accords spéciaux peuvent intervenir pour déclarer qu'il y aura dans ce fait un acte illicite, et pour donner à la victime de cette manœuvre une action en dommages-intérêts.

115. — En résumé, les clauses courantes par lesquelles on stipule de la personne dont on engage les services qu'elle ne s'établira pas dans un commerce similaire dans la région ou dans un délai déterminé à partir de l'expiration du contrat, nous paraissent attentatoires à la liberté économique, et juridiquement illici-

tes, en ce qu'elles sont de nature à empêcher un individu de trouver à un certain moment les moyens de
gagner sa vie par son travail. Tout au moins n'adop-
terions-nous une solution contraire qu'autant qu'une
compensation pécuniaire aurait été accordée à l'employé qui accepte de pareilles restrictions, en dehors
du salaire normal par lequel on rémunère ses services.

La jurisprudence française, dont nous abandonnons
ainsi les errements, ne devrait à notre avis continuer
à s'appliquer que dans les hypothèses où les clauses
d'interdiction de concurrence auraient pour but de
préciser la sanction qui s'attache, selon le droit commun, à tout acte de concurrence déloyale entrepris
par l'ancien employé.

116. — Ajoutons que, dans les cas où une action en
justice est admise par le patron contre l'employé, il
faut aussi reconnaître le droit de l'intenter au successeur de l'ancien patron, qui pourra l'exercer à son lieu
et place.

Nous avons vu au chapitre de la cession des fonds
de commerce que les clauses d'interdiction profitaient
moins à la personne du cessionnaire qu'au fonds lui-
même, dont elles constituent de véritables qualités.

Nous avons dit que les avantages stipulés au profit
du fonds se transmettaient avec lui à tous ses propriétaires successifs.

Lorsque ces avantages résultent d'un contrat passé
avec un employé attaché à l'entreprise, ils appartien-

nent sans conteste à tous ceux qui sont les titulaires
du fonds de commerce, en faveur duquel l'ancien patron l'a en réalité stipulé (Paris 23 juin 1882).

117. — Nous n'avons envisagé jusqu'ici que la situation d'un ouvrier à l'expiration du contrat qu'il a
passé avec son patron, pour déterminer la légitimité
des clauses restrictives à sa liberté commerciale. Il
faut aussi, variant l'hypothèse, voir dans quelle mesure,
pendant que la convention de louage d'ouvrages est
en cours, l'employé perd sa liberté de prester ses services à autrui, ou de faire le commerce pour son
compte personnel.

Nous n'hésitons pas, en ce qui concerne ce dernier
point , à décider que la personne qui loue ses services
ne peut faire concurrence à celle qui les emploie. Cette
dernière compte certainement sur le zèle et la diligence
de son ouvrier, ou de son commis, à servir ses intérêts. Si l'employé se permettait d'exercer pendant ses
moments de liberté le même commerce que son patron
ou de le faire exercer par une personne interposée, il
manquerait gravement à la foi qu'il doit à son contrat.

Cette solution est d'autant plus admissible que la
concurrence, si dangereuse, comme nous venons de
l'exposer, de l'ancien employé serait encore plus
redoutable de la part de l'employé qui est reçu chez
son concurrent, où il occupe une situation qui le met
à même de découvrir les secrets de son rival et d'en
abuser.

Aussi, alors qu'une clause formelle est nécessaire pour restreindre la liberté de l'ancien employé, — sans indemnité, dit la jurisprudence, avec indemnité, prétendons-nous, — pendant la durée du louage d'ouvrages, cette clause est sous-entendue, et le salaire de l'employé est la représentation du prix de sa liberté qu'il a temporairement abdiquée.

Par application de ces idées, la Cour d'Aix a jugé qu'il y a concurrence déloyale de la part de l'ouvrier qui sollicite personnellement les commandes des clients de son patron, en leur offrant de les exécuter à un moindre prix (1). Dans de semblables propositions de travail au rabais réside un préjudice évident causé au patron, car la modicité des prix faits par l'ouvrier est de nature à détourner rapidement la clientèle de l'établissement. Il est d'ailleurs certain que, si l'ouvrier offrait d'exécuter les commandes au même prix que le patron, il manquerait également aux obligations qui le lient à celui-ci, bien que les détournements de clientèle soient, dans ce cas, moins considérables que ceux que la Cour d'Aix a été appelée à réprimer. Le patron, à la condition de prouver la réalité de ces propositions, obtiendrait la résiliation du contrat de louage de services, avec dommages-intérêts à son profit.

118. — Nous n'allons cependant pas jusqu'à soutenir que la conclusion d'un contrat de louage d'ou-

____

(1) Aix, 31 décembre 1864. Le Hir. 65. 2. 83.

vrages doive empêcher d'une façon absolue l'employé d'exercer un négoce pendant ses moments de repos, si son exploitation n'est pas identique ou similaire à celle du patron qui l'occupe. Toutefois, si son service venait à souffrir du travail qu'il fait en dehors de ses heures d'atelier ou de bureau, le patron trouverait dans ce fait un juste motif pour résilier le contrat.

119. — C'est aussi cette solution que nous donnerons à la question de savoir si, pendant les instants où ils sont libres, l'ouvrier, le commis, l'employé, peuvent, dans le silence du contrat, louer leurs services à des tiers.

Dans les villes commerçantes, on voit souvent, par exemple, des commis consacrer quelques heures de leur soirée à tenir des livres dans des établissements où ils ne travaillent pas dans la journée. Certains aussi louent leurs services à des entrepreneurs des spectacles publics, qui les emploient à la délivrance des billets de théâtre ou au contrôle des entrées.

En principe, nous pensons que rien ne fait obstacle à ce qu'ils s'ingénient à tirer le meilleur parti possible de leurs moments de loisir. Mais les faits pourraient être de nature à décider le juge à adopter une autre solution : lorsqu'il s'agit par exemple d'un employé d'une grande habileté, ou bien d'un artiste dont la réputation assure une bonne recette à l'entrepreneur du spectacle où cet artiste se produit, l'engagement qui les lie au patron ou au directeur de cette entreprise, peut être considéré comme excluant pour eux la possibilité de travailler ailleurs, ou de se montrer, aux jours et heures de loisir, sur la scène d'une exploitation concurrente.

120. — Il y a aussi convention implicite, à la charge du commis, de réserver ses services à celui qui les a loués, lorsqu'il est évident que toute opération conclue par l'employé pour le compte d'un autre serait préjudiciable au patron qui le paie. Par exemple, un commis-voyageur qui s'emploie pour un autre que son patron pendant la durée de ses voyages, cause à celui-ci un dommage considérable. S'il fait des affaires pour le compte d'une maison similaire ou d'une maison vendant des produits différents, le temps qu'il emploie à visiter les clients de celle-ci est perdu pour la tournée de la clientèle du premier patron (1).

Section deuxième. — Du louage des choses.

§ 1ᵉʳ. *Obligations du bailleur envers le preneur auquel est donné à bail un local pour un commerce déterminé.*

121. — L'article 1719 du Code civil, aux termes duquel le bailleur est obligé par la nature du contrat, et sans qu'il soit besoin de stipulation particulière, « de faire jouir paisiblement le preneur pendant la durée du bail », lui interdit-il, quand il a donné un local à bail pour un commerce déterminé, de louer dans le même immeu-

(1) Bordeaux, 22 août 1883. *Annales de propr. comm. et indust.* 87. 173.

ble, ou dans un immeuble voisin lui appartenant, à un concurrent de son premier locataire ?

Il faut bien entendre la façon dont se pose la question, car elle se présente sous un double aspect. D'une façon très générale, on peut se demander si, après avoir loué son immeuble pour l'exploitation d'un commerce particulier, le bailleur peut donner à bail d'autres locaux compris dans le même immeuble ou dans une maison voisine à un concurrent du locataire. Mais, d'une façon plus spéciale, la question est de savoir si le bailleur peut s'installer lui-même à proximité de son locataire pour exercer un commerce similaire à celui qu'exploite ce dernier ; le fait de louer un immeuble à un commerçant implique-t-il une restriction à la liberté commerciale du bailleur ?

Les deux points de vue du problème sont voisins ; étudions-le sous son apparence la plus générale d'abord, avant de l'examiner en ce qu'il a de tout à fait spécial à notre sujet.

122. — Suivant une jurisprudence aujourd'hui abandonnée, mais défendue par quelques auteurs (1), le bailleur d'un immeuble affecté par le preneur à une entreprise commerciale doit s'interdire de louer à un concurrent.

Mais la jurisprudence la mieux établie et la plus ré-

(1) Paris, 29 mars 1860. *Annales* 1860, 186. — 8 juillet 61. *Annales* 61, 331. — 12 mars 1863. S. 63, 2, 221. — Aix, 6 août 63. S. 63, 2, 223. — Trib. civ. Seine, 22 février 1860. *Annales des trib. de com.* 1860, 197. Aubry et Rau, tome 4, page 343.

cente décide que l'article 1719 garantit seulement au preneur la jouissance matérielle du local loué, et ne lui défend pas d'installer à côté de lui un commerçant s'adonnant à une exploitation similaire : si le premier locataire est troublé par la survenance d'un concurrent, c'est seulement dans l'exercice de son commerce, mais non pas dans la jouissance matérielle des locaux. De droit commun, en pareille circonstance, l'article 1719 ne confère au preneur aucune action contre. le bailleur (1).

Mais le preneur aurait une action contre son bailleur si c'est frauduleusement et de concert avec le concurrent de son locataire que le bailleur a loué au deuxième preneur (2).

Il en serait de même si le bailleur avait pris l'engagement formel de ne pas louer à un concurrent du preneur (3), ou quand, en l'absence de stipulations expresses, il résulte des clauses et conditions du bail et de la commune intention des parties que le bailleur s'est interdit de troubler le preneur dans l'exercice de son commerce en lui suscitant un concurrent (4).

(1) Cassat. 6 novembre 1867. *Annales* 67—401. — Paris, 8 mai 62, *Annales* 63, 234. — Bordeaux, 17 avril 63, S. 63, 2, 222. — Paris 13 février 84. *Annales* 85, 279, — Trib. civ. Seine, 18 août 77 ; *Gaz. tribunaux* 10 octobre 77 ; idem. 19 décembre 1878. Droit 24 janvier 79. — Pouillet No 755.

(2) Paris, 14 novembre 1860. *Annales* 71. — Bordeaux, 17 avril 63. S. 63, 2, 222. — Seine 12 mars 85, *Gaz. Pal.* 86, 1, supp. 45.

(3) Lyon, 19 mars 57. D. 60, 2, 189. — Paris, 24 mars 79. Droit, 29 mai 79.

(4) *Annales*, 1884, 329.

Dans ces trois cas exceptionnels, l'action du locataire dérive soit d'une clause extensive de la garantie due normalement par le bailleur à son preneur,— clause qui n'a rien que de licite, — soit d'un fait délictuel voisin de la concurrence déloyale, rendant le propriétaire passible de dommages-intérêts. Mais en dehors de toute convention formelle ou implicite, ou a défaut de concurrence déloyale, le bailleur doit être exempt, selon le droit commun, de toute responsabilité au cas où il loue à un commerçant rival de son premier locataire, dans le voisinage du local où celui-ci gère son commerce.

123. — Mais si nous permettons au propriétaire de disposer de ses appartements en faveur d'un commerçant concurrent du locataire primitif, devons-nous aller jusqu'à dire que ce propriétaire pourra lui-même s'installer dans son immeuble ou à proximité de celui-ci pour exploiter une industrie analogue à celle qu'exerce son locataire ? En d'autres termes, un contrat de bail passé avec un commerçant contient-il implicitement, à la charge du propriétaire, une clause d'interdiction de s'établir dans un rayon raisonnable ?

Si l'article 1719 du Code civil, aux termes de la jurisprudence que nous avons ci-dessus rapportée, n'oblige le propriétaire qu'à la garantie de la jouissance matérielle du local loué, il ne nous paraît pas cependant qu'il conserve la liberté de faire concurrence à son locataire. Il est bien certain que l'article 1719 ne doit s'entendre que de la garantie de la jouissance matérielle, et non de celle de toute concurrence envers le locataire. Mais nous avons indiqué que des conventions expresses ou tacites peuvent renforcer la garantie légale qui incombe naturellement au propriétaire, et qu'il peut résulter notamment des conditions du bail et de la commune intention des parties que le bailleur s'est interdit de troubler le preneur dans l'exercice de son commerce en lui suscitant un concurrent. Or, c'est une convention d'interdiction de s'établir que les tribunaux sous-entendront le plus souvent pour condamner un propriétaire qui ferait concurrence à son locataire, soit à cesser son commerce, soit à lui payer des dommages-intérêts.

Il est en effet assez raisonnable de supposer qu'en louant à un commerçant, le propriétaire n'a pas entendu se dépouiller du droit de donner à bail les autres locaux inoccupés de son immeuble ou de ses immeubles voisins, aux conditions qu'il trouvera les plus avantageuses ; aussi ne lui interdit-on pas de plein droit la faculté de les louer à un concurrent du locataire primitif.

124. — Mais cette interprétation ne doit pas aller jusqu'à sanctionner les faits directs de concurrence émanés du propriétaire lui-même, qui, au lieu de consentir un second bail à des rivaux du premier locataire, s'érige personnellement en concurrent de celui-ci. Le bailleur doit toujours au preneur la garantie de son propre fait, et il engage sa responsabilité s'il excède les bornes de la liberté que le contrat de bail a laissé aux parties.

En dernière analyse, il nous paraît certain qu'une

location d'immeuble faite à un commerçant emporte pour le propriétaire une restriction à sa liberté commerciale et l'empêche de s'établir dans un commerce similaire, soit dans le même immeuble, soit dans une maison voisine de celle où est installé le preneur.

C'est aux juges qu'il appartient d'interpréter le sens et l'étendue des obligations du bailleur, en s'inspirant dés circonstances.

Lorsque le propriétaire s'installe dans la maison même où le preneur exerce son industrie, ou dans un rayon voisin, pour s'adonner au même commerce que son preneur, il manque à la bonne foi qui résulte du contrat où il a été partie.

Si, au contraire, il ouvre son établissement dans un périmètre où sa concurrence ne peut porter une atteinte sérieuse à la prospérité de son locataire, il convient de respecter l'entreprise nouvellement fondée : les faits de la cause viennent démontrer que le propriétaire est exempt de dol ou de faute à l'égard de son ayant cause.

125. — La Jurisprudence confirme notre théorie : le bailleur qui loue un établissement affecté et préparé par lui à une exploitation ne peut, sans enfreindre l'article 1719, exploiter lui-même à proximité un établissement de même nature concurrençant le premier, alors même qu'au moment de la location l'établissement loué ne fût pas achalandé.

Velten père et fils sous-louent à Demoulin l'Alcazar lyrique, cours Belzunce, à Marseille, pour la gérance

d'un café-concert, sans que Demoulin puisse en chan-
ger la destination ; Velten se réserve, de plus, le droit
exclusif de fournir la bière qui sera consommée dans
l'établissement. Quelque temps après ces conventions, Velten fonde à côté de l'Alcazar un débit de
bière, dont Demoulin demande la fermeture avec des
dommages-intérêts. En effet, l'obligation imposée à
Demoulin était corrélative de l'engagement tacitement pris par Velten de ne rien faire qui fût de nature
à détourner la clientèle de l'établissement par lui
donné en location.

Le Tribunal accueille cette prétention, et, sur appel,
la Cour d'Aix confirme la décision entreprise (1).

Dans un cas semblable, la Cour de Montpellier a
condamné à des dommages-intérêts le bailleur d'un
café qui, postérieurement à la location du fonds, s'est
établi en concurrence non loin de son locataire. La
Cour n'a pas ordonné la fermeture de l'établissement
du bailleur, parce qu'il est situé dans un immeuble
appartenant à un tiers, qui peut disposer de ses locaux comme bon lui semble ; mais elle traduit le principe de la garantie qui découle du contrat de bail en
condamnant le loueur à des dommages-intérêts (2).

126. — On objectera sans doute qu'il s'agit ici de
deux hypothèses très spéciales: l'établissement en
concurrence par un bailleur qui a loué un fonds de
commerce déjà organisé. Mais si la location d'un

(1) Aix, 63. S, 63. 2. 223.
(2) Montpellier, 26 juillet 1844. S. 44. 2. 477.

fonds de commerce oblige le propriétaire à ne pas faire concurrence au preneur, pourquoi en serait-il autrement quand c'est un propriétaire qui a donné à bail un immeuble pour une exploitation commerciale? Dans les deux espèces que nous avons analysées, la garantie est, il est vrai, une suite naturelle de l'article 1719; mais dans le cas d'un bail immobilier, elle doit être la conséquence d'une clause particulière sous-entendue par les parties dans le contrat de location.

127. — § 2me. *Obligations du locataire envers le bailleur.* — Lorsque, après l'étude des obligations que le contrat de louage de choses impose au bailleur, on en vient à envisager celles qui en résultent pour le locataire, on constate que de l'article 1728, alinéa premier, du Code civil, aux termes duquel le preneur doit user de la chose suivant sa destination, il résulte de nombreuses restrictions à la liberté du commerce. L'usage contraire à la destination de la chose de la part du locataire, est de nature à causer au bailleur un préjudice considérable, qui peut, suivant les circonstances, l'autoriser à faire résilier le bail. Lorsque la location a pour objet l'exploitation d'un fonds de commerce, les tribunaux, interprétant souverainement l'intention probable des parties, ont souvent décidé que le preneur ne peut au cours du bail, soit y exercer une autre industrie que celle à laquelle les locaux sont spécialement affectés, soit fermer l'établissement exploité.

128. — C'est ainsi que, lorsque l'immeuble a été loué pour y exercer une industrie déterminée, le preneur ne saurait y adjoindre un autre commerce non prévu au bail : par exemple il a été décidé que celui qui a loué une boutique en annonçant qu'il y exercerait la profession de coiffeur, ne saurait, sous peine de dommages-intérêts, annexer à son industrie un commerce de vins dans les lieux loués (1). On conçoit en effet que le bailleur qui consent à se dessaisir de la jouissance de ses locaux lorsque le preneur paraît les destiner à l'exploitation d'un commerce paisible, éprouve un dommage lorsque son locataire transforme après coup l'établissement pour y exploiter un nouveau commerce, qui peut, par les nombreuses allées et venues d'une clientèle bruyante, causer des ennuis et des gênes au propriétaire de l'immeuble ou à ses autres locataires. Vainement le preneur prétendrait-il que le bail est muet sur les interdictions et que, dans l'usage, les deux genres de commerce, celui qui est annoncé et celui qui est entrepris postérieurement à l'entrée en jouissance, sont presque toujours réunis. En ouvrant une exploitation dont il n'a pas prévenu le bailleur, le locataire viole son engagement tacite de ne s'adonner qu'à l'industrie pour laquelle il a conclu la location (2).

(1) Trib. civ. Seine, 2 nov. 1886. *Gaz. Pal.* 86. 2. 842.
(2) Trib. civ. de La Châtre, 23 juin 81. *Gaz. Pal.* 83. 2, 53. — Trib. civ. d'Auxerre, 27 juil. 81. *Gaz. Pal.* 82. 1. 77. — Lyon, 11 janv. 82. *Gaz. Pal.* 82. 1. 530.

Dans cet ordre d'idées, deux jugements du tribunal civil de la Seine font une application peut-être trop rigoureuse du principe que nous venons de poser, en statuant que, lorsqu'un bail a spécifié le genre exclusif du commerce que le preneur doit exploiter, dans l'espèce, celui de marchand de vins au détail, et lui a interdit toute autre profession, celui-ci ne saurait adjoindre à ce commerce celui de la vente des huîtres, comme un accessoire d'usage. Bien plus, la tolérance que les bailleurs lui ont accordée ne lui confère aucun droit contraire à son bail (1).

Il va de soi que la location d'une portion d'immeuble pour l'exercice d'un commerce spécialement indiqué entraîne l'interdiction de sous-louer les locaux pour la gestion à la fois de l'entreprise à laquelle ces magasins sont destinés et d'une entreprise nouvelle.

Ainsi, un brasseur, locataire d'une maison à usage d'estaminet, ne peut sous-louer l'immeuble pour exercer dans la même maison la double profession de débitant de boissons et de serrurier-poêlier (2).

De même aussi, un cafetier-limonadier ne peut établir un café-concert dans les lieux loués pour un simple débit de boissons (3).

129.— Toutefois, il ne faut pas oublier que l'appréciation de la question de savoir si des changements

----

(1) Seine, 21 juin 87. *Gaz. Pal.* 87.2.51. Paris, 4 juil. 88. *Gaz. Pal.* 88. 2. 274.

(2) Douai, 24 mai 87. *Gaz. Pal.* 87. 2, 129.

(3) Grenoble, 8 mai 82. DP. 83. 2. 94.

apportés à l'exploitation primitive constituent une violation du contrat conclu entre le bailleur et le preneur, est avant tout une question d'interprétation des conventions et circonstances ; dans telles hypothèses, les tribunaux se refuseront à voir dans la modification apportée à la gestion du commerce pour l'exercice duquel la location a eu lieu, une violation de l'obligation contractée par le locataire, d'user de la chose suivant sa destination.

Ainsi, la Cour de Toulouse (1) a-t-elle pu décider que l'exploitation d'une auberge dans des locaux loués pour servir de café, ne constitue pas une infraction au contrat primitif.

L'hypothèse dans laquelle cet arrêt est intervenu était, en effet, favorable au preneur : l'exploitation d'une auberge est un commerce qui présente avec celle d'un café de trop grandes analogies pour que l'on puisse taxer le locataire d'avoir gravement manqué à ses obligations.

130.— En dehors de l'engagement négatif contracté par le preneur de ne pas user des locaux pour exploiter un commerce autre que celui qu'il a annoncé, le contrat de bail peut mettre à sa charge une obligation positive, celle de continuer l'exercice de son commerce jusqu'à l'expiration de son bail. Le preneur peut, en effet, selon les circonstances, être contraint à user des locaux qu'il occupe jusqu'à l'expiration du bail, car le non-usage de la chose, comme la transformation

(1) Toulouse, 2 janv. 1883. *Gaz. Pal.* 83. 1. 295.

de cet usage, peut être de nature à porter préjudice au bailleur.

Lorsque les lieux loués sont affectés à un certain genre de commerce ou d'industrie, le locataire est obligé de les occuper conformément à cette destination, et de les entretenir dans cet état, jusqu'à la fin du bail. Il ne pourrait fermer l'établissement pour le transformer par exemple en un simple débarras et lieu de dépôt de marchandises, encore que la maison fût garnie de meubles suffisants ou que le locataire offrît de donner caution pour le paiement des loyers pendant toute la durée du bail. Ce serait nuire à l'achalandage et déprécier la maison (1).

Lorsque le bail a eu pour objet une boutique, par exemple, un grand café ou une confiserie à la mode, où s'exploite depuis longtemps un certain commerce, il est conforme à l'intention probable des parties d'empêcher le preneur de cesser son commerce et de laisser inoccupés les locaux, parce que, pendant la durée de la fermeture de l'établissement, la clientèle peut prendre l'habitude de se rendre dans une maison rivale. De là peut résulter pour le bailleur, à l'expiration du bail, l'impossibilité de louer aux mêmes conditions les magasins à un autre industriel voulant exercer le même commerce que le premier, surtout si l'état des

(1) Trib. civ. Seine, 20 mai 1887. *Gaz. Pal.* 87. Suppl. p. 83, — Paris, 20 avril 1810. *Pand. chonol* — Rennes, 17 mars 1834, S. 34. 2. 598. — Bourges, 4 mars 1842. *Pand.* 42. 2. 736. — Orléans. 24 nov. 1883, *Gaz. Pal.* 84. 1. 326. — Paris, 6 dec. 1888. *Gaz. Pal.* 89. 1, 78.

lieux rend difficile l'exercice dans ces locaux d'une exploitation différente.

C'est ainsi qu'il a été jugé que le locataire ne peut transporter dans un autre lieu l'établissement commercial qu'il gérait dans la maison louée, depuis longtemps affectée à ce genre de commerce (1).

131. — Ce que nous disons de l'hypothèse où le locataire abandonne un local consacré depuis longtemps à l'exploitation d'un commerce déterminé peut être appliqué aussi au cas où un commerce nouveau a été introduit par le locataire lui-même dans l'immeuble loué. Par exemple, le locataire qui a pris à bail une boutique en s'obligeant à y exploiter un bureau de tabac, après avoir exigé du propriétaire les réparations nécessaires pour approprier les locaux à cette vente spéciale, ne peut au cours du bail transférer son débit de tabac dans un autre local, en offrant au propriétaire qui s'y oppose le paiement immédiat des loyers à courir jusqu'à l'expiration du bail. Le propriétaire, au cas où cette translation a été opérée, a le droit de s'adresser à la justice pour faire ordonner la réinstallation du bureau de tabac dans sa boutique sous une astreinte pécuniaire par chaque jour de retard, à titre de dommages-intérêts (2).

---

(1) Trib. civil. Seine, 6 juillet 1887. Loi 1er septembre 87. — Paris 1er mars 1830. — *Pand. chronol.* Contrà : Lyon. 26 mai 1864. *Pand. chronol.*

(2) Orléans, 24 novembre 1883. *Gaz. Pal.* 84. 1. 326. Comparez Douai : 7 avril 1842. *Pand.* 42. 2. 70.

132. — Il ne faudrait pourtant pas exagérer les restrictions à la liberté du commerce qui découlent du principe posé dans l'article 1728. L'obligation pour le preneur d'exploiter les lieux loués conformément à leur destination ne va pas jusqu'à le gêner dans le libre exercice de son industrie ou de sa profession. Ainsi le locataire d'une boutique destinée à l'exercice d'un commerce de détail ne contrevient pas à ses obligations en établissant dans une autre rue un commerce de gros, et en allant habiter au siège de cet établissement, si d'ailleurs il continue, par l'intermédiaire d'un commis, l'exploitation de son commerce de détail (1).

De même le locataire d'une auberge peut établir et exploiter en même temps une autre auberge voisine de celle qu'il tient à loyer : c'est là un fait étranger à sa jouissance et indépendant d'elle (2).

Dans les deux espèces que nous rapportons, le preneur continue à user de la chose suivant sa destination. Il est vrai que s'il ne renouvelle pas le bail, lors de son expiration, le propriétaire de l'immeuble peut éprouver un préjudice, à raison de la création à proximité de sa maison d'un établissement concurrent. Mais, en créant un autre fonds, le locataire ne fait qu'user de son droit d'exercer un commerce à sa convenance. Il ne viole pas les obligations spéciales qui résultent pour lui du contrat de louage de choses : on

(1) Nancy, 24 février 1846. D. 46. 2. 117.
(2) Rennes, 21 mars 1815. *Pand. chronol.*

ne pourrait donc le forcer à fermer le nouvel établissement, ou obtenir contre lui la résiliation du bail avec
dommages-intérêts, que si, par une clause expresse,
il lui avait été interdit d'aller créer ailleurs une seconde exploitation.

CHAPITRE IV

DES RESTRICTIONS CONVENTIONNELLES RÉSULTANT DU CONTRAT DE MANDAT

133. — Certaines restrictions à la liberté du commerce peuvent résulter aussi des contrats de mandat et des opérations fort voisines de courtage et de commission.

En ce qui concerne le mandat proprement dit, il est fort difficile de faire dans la pratique un départ très exact entre le mandat salarié et le louage de services, ces deux conventions présentant des traits communs, qui en rendent le criterium distinctif souvent presque insaisissable, et se trouvant d'ailleurs coexister le plus souvent dans le traité qui intervient entre un commerçant et l'agent qu'il emploie pour se mettre en rapport avec les tiers.

C'est avec raison qu'un arrêt de la Cour de Caen du 12 janvier 1887 (1) décide qu'il y a à la fois mandat et louage de services dans le contrat passé entre un fabricant et la personne chargée de le représenter pour

(1) Caen, 12 janvier 1887. Droit 27. Janvier 1887.

la vente de quelques-uns de ses produits, moyennant une rétribution par article vendu.

Ainsi, les représentants de commerce, les préposés des négociants, les agents d'assurances sont à la fois liés envers leur préposant ou la Compagnie qui les commissionne par des obligations de mandant à mandataire et de patron à employé.

C'est pourquoi, dans les explications qui vont suivre, devons-nous faire abstraction des restrictions conventionnelles à la liberté du commerce qui peuvent tenir à un contrat de louage intervenu entre l'agent d'un commerçant et le commerçant lui-même, pour nous en tenir simplement à celles qui dérivent d'une façon exclusive du contrat de mandat qui accompagne la convention de louage de services.

134. — Le signe distinctif du mandat proprement dit et du louage de services consiste dans ce fait que l'employé, dans le louage d'ouvrages, rend des services matériels à son patron, tandis que dans le mandat il accomplit pour lui une opération juridique. On conçoit, dès lors, que sur le contrat de louage de services vienne se greffer incidemment un contrat accessoire, qui sera le contrat de mandat et qui peut, lui aussi, être la cause de certaines restrictions à la liberté de commerce, dont le premier contrat n'est pas la source directe. L'examen de la situation de l'agent connu sous le titre de « représentant de commerce » va démontrer l'exactitude de ce point de vue.

Tandis qu'il est certain qu'un employé ne peut,

sous peine de violer le contrat de louage qui l'unit à
son patron et de s'exposer à la résiliation de celui-ci,
avec dommages-intérêts, s'adonner à un commerce
similaire de celui qu'exerce son patron, ce principe ne
saurait être appliqué d'une façon absolue au représentant de commerce. Pour lui, la question doit se
résoudre en fait d'après l'examen des conventions des
parties et des circonstances de la cause. L'ouvrier,
l'employé, le commis, sont, d'une façon évidente, dans
un lien de dépendance plus étroit avec le patron que
le représentant de commerce à l'égard de la maison
qu'il représente. Un commis ne peut, sauf convention
contraire formellement stipulée, mettre ses services
à la disposition d'un tiers exerçant le même commerce que le négociant chez qui il est employé d'une
façon habituelle. Au contraire, un représentant de
commerce peut, d'une façon normale, servir de représentant à une maison concurrente à celle qu'il a déjà
choisie. Le représentant de commerce, — sauf quelques
rares hypothèses où la maison qui l'a désigné fait
dans la ville où il réside un chiffre d'affaires excep-
tionnel, permettant au représentant de stipuler un
salaire ou des remises proportionnelles importantes, —
ne pourrait, s'il était contraint de ne pas opérer pour
une autre établissement, trouver à gagner sa vie avec
facilité. Souvent même, c'est à raison de l'habileté
que le représentant a su acquérir dans une branche
particulière de commerce ou d'industrie que des exploitations nouvelles venues dans la même entreprise
le chargent de leurs intérêts.

On voit que c'est avant tout une question de fait et d'interprétation qui domine ici la question de savoir si un représentant de commerce manque à ses engagements quand il cumule la représentation de plusieurs exploitations similaires. Dans le louage d'ouvrages, l'employé aliène ses services ; moyennant un salaire, il doit réserver son activité tout entière au profit de la personne qui l'emploie ; on ne peut pas dire que la représentation de commerce emporte de plein droit, pour le représentant, l'obligation de ne pas mettre son activité à la disposition d'autrui, ou de s'établir pour son compte.

Dans cet ordre d'idées, les tribunaux ont décidé notamment qu'une maison de commerce ne saurait faire grief à son représentant d'être en même temps représentant dans la même ville d'une maison rivale, si elle n'a pas stipulé qu'il serait son agent exclusif, et s'il est constant qu'elle a connu sa situation au moment des accords (1). De même, il semble bien résulter d'un jugement du tribunal civil de la Seine (2), qu'il faut une convention expresse pour que le représentant d'une maison de commerce ne puisse s'établir dans un commerce similaire de celui de la maison dont il est l'agent, pendant la durée même du contrat qui l'unit à l'établissement représenté.

Le représentant d'une maison, dit en substance cet

---

(1) Lyon, 1892. *Gaz. Pal.*, 92. 1. 52.
(2) Trib. civ. Seine, 22 juillet 1881. *Gaz. Pal.*, 82. 1. 39

arrêt, qui s'interdit tout espèce de négoce autre que celui de la maison qu'il représente, viole son engagement et encourt l'application de la clause pénale stipulée à l'appui de la convention en créant, sous le nom de sa femme, une maison de commerce qui vend la même nature de marchandises et se sert de procédés commerciaux identiques.

Toutefois, alors même qu'aucune convention spéciale n'aurait interdit au représentant le droit d'exercer un commerce analogue à celui de la maison dont il est le mandataire, nous croyons qu'en s'établissant pour son compte, il cesserait de plein droit d'être l'agent de la maison dont il tient ses pouvoirs, car il serait porté alors à sacrifier aux siens propres, les intérêts de ses mandants. Il devrait alors porter à la connaissance de ceux-ci sa situation nouvelle pour les mettre en mesure de chercher un nouvel agent (articles 2003 et 2007 du Code civil). Dans tous les cas, la renonciation du représentant au mandat qui lui est confié ne devrait pas être intempestive, sans quoi il s'exposerait à des dommages-intérêts à l'égard de son mandant (article 2007, 2° alinéa). Si le représentant s'établissait en concurrence avec ses mandants, en s'abstenant de leur faire connaître son intention de lever un commerce pour son compte, il commettrait incontestablement un dol, dont il devrait répondre à leur égard (article 1992 du Code civil). Dans le jugement du tribunal de la Seine que nous avons rapporté plus haut, s'il n'y avait pas eu clause formelle d'interdiction à l'encontre du représentant, le fait par celui-ci de gérer un commerce similaire sous le nom de sa femme aurait constitué un dol, pour lequel le tribunal aurait retenu sa responsabilité.

135. — Les règles un peu hésitantes que nous venons de tracer relativement aux conventions mélangées à la fois de louage de services et de mandat, à raison de la proportion très difficile à dégager de ces deux contrats dans le traité qui unit le préposant au préposé, se précisent au contraire lorsque le mandataire commercial n'est lié par aucune subordination à l'égard de son mandant. Ainsi la commission qui, de l'avis de presque tous les auteurs, est le mandat commercial, n'empêche pas le commissionnaire de représenter plusieurs commerçants rivaux, ou même de s'adonner au même négoce que celui de ses donneurs d'ordres. Le commissionnaire est, d'ailleurs, le commerçant qui fait des affaires pour tous ceux qui veulent le charger de leurs intérêts, et il est bien entendu que l'offre collective qu'il adresse aux divers négociants d'acheter, de vendre ou de conclure un marché quelconque pour leur compte, ne saurait donner à celui qui l'accepte le premier le droit de se plaindre si un second commettant, exerçant le même commerce que le sien, transmet à son tour un mandat au commissionnaire.

Cependant il ne faudrait pas croire que la liberté de ce dernier soit absolue : il est un cas où quelques auteurs et quelques arrêts de jurisprudence dénient au commissionnaire le droit de conclure librement un marché pour le compte de son commettant. Lorsqu'un commissionnaire qui est chargé d'acheter des marchandises a dans ses magasins des marchandises conformes à celles qui lui sont demandées, soit qu'elles lui appartiennent en propre, soit qu'elles lui aient été consignées par un autre commettant, peut-il les employer à l'exécution de son mandat ?

136. — La même question se pose au cas où le commissionnaire chargé de vendre des marchandises les aurait achetées pour son compte ou pour le compte d'un autre commettant. Aucune difficulté n'existe si les différents intéressés sont d'accord pour que le commissionnaire applique ses propres marchandises ou celles qui lui ont été consignées à l'exécution des ordres de vente qu'il a reçus, ou se porte lui-même acquéreur des marchandises qu'on lui a envoyées en consignation.

La controverse ne peut naître que s'il n'y a eu aucune stipulation expresse intervenue à ce sujet. Une doctrine consacrée par un arrêt de la Cour de cassation (1) se refuse à restreindre dans cette hypothèse la liberté commerciale du commissionnaire, en prétendant qu'il importe peu au commettant que celui avec qui il a traité, soit ou non le commissionnaire ou un de ses clients: ce qu'il demande et ce qu'il a seulement le droit d'exiger, c'est que les marchandises,

---

(1) Cass., 11 avril 1860. S. 60.1.316., et Rouen, 22 avril 1872. D. 73. 5. 99.

d'où qu'elles viennent, ou quel que soit le preneur, lui aient été livrées ou achetées à sa convenance (1).

Malgré l'autorité qui s'attache aux décisions de la Cour suprême, il nous paraît préférable de décider que le commissionnaire ne peut, dans la circonstance où s'élève la controverse, pratiquer l'opération que nous avons décrite, sans s'assurer du consentement de ses commettants. Il serait à craindre que le commissionnaire ne sacrifie à son propre intérêt celui de son commettant, ou que, chargé d'intérêts contraires, il ne puisse les défendre simultanément (2).

Cette opinion nous paraît d'ailleurs avoir une base inébranlable dans les textes : l'article 1596 du Code civil qui interdit aux mandataires de se rendre adjudicataires des biens qu'ils sont chargés d'acheter, doit être appliqué au mandat commercial que constitue la commission, puisqu'à défaut de règles contraires dans le Code de commerce ou dans les usages mercantiles, les principes du droit civil doivent servir à résoudre les litiges commerciaux.

137. — Si cette doctrine est controversée pour le contrat de commission, elle est du moins certaine pour les opérations de courtage.

---

(1) Dans ce sens, Bedarride, *Traité de droit commercial*, n° 87. — Alauzet, t. II, n° 846. — Boistel, n° 521.

(2) Lyon, 29 décembre 1842. S. 43. 2. 423. — Toulouse, 27 novembre 69. S. 70, 2. 237. — Rouen, 25 mars 73. *Rec. de Mars.*, 74. 2. 109. — Lyon-Caen et Renault, n° 782. — Delamarre et Le Poittevin, t. II, n° 249.

Les courtiers sont des intermédiaires dont la fonction consiste à s'entremettre entre deux personnes pour la conclusion d'un marché : aux termes de l'article 7 de la loi du 18 juillet 1866, qui rétablit la liberté de la profession de courtier, « tout courtier qui se sera chargé d'une opération de courtage pour une affaire où il avait un intérêt personnel, sans en prévenir les parties auxquelles il aura servi d'intermédiaire, sera poursuivi devant le tribunal de police correctionnelle, et puni d'une amende de 500 à 3000 francs, sans préjudice de l'action des parties en dommages-intérêts. »

L'article 7 de la loi de 1866 ne reçoit son application qu'autant que le courtier a un intérêt personnel dans l'affaire au moment du contrat, et non pas survenu plus tard ; que cet intérêt existe à l'insu des parties ou de l'une d'elles seulement; qu'il s'agisse d'une opération où le courtier s'est présenté comme un intermédiaire désintéressé, c'est-à-dire n'ayant, en dehors de son droit de courtage, aucun intérêt dans l'opération.

Bien que cet article 7 ne statue qu'au point de vue pénal, il est incontestable qu'un courtier qui traiterait pour son compte une affaire dans laquelle il aurait un intérêt personnel, qui vendrait, par exemple, comme appartenant à autrui, des marchandises dont il est le propriétaire, pourrait, outre l'application des peines édictées par ce texte, voir prononcer au point de vue civil la nullité du marché.

138. — Les restrictions à la liberté du commerce

qui résultent du mandat, sont, on le voit, de peu
d'importance. Dans les deux hypothèses où il est
incontestable que les restrictions à la liberté du
commerce dérivent du contrat de mandat, elles se
réduisent à faire défense au courtier de prendre un
intérêt personnel dans l'opération qu'il traite, ainsi
qu'au commissionnaire (et encore dans ce cas la question est-elle controversée).

Pour la représentation de commerce, les véritables
restrictions résultent plutôt du contrat de louage de
services que de celui du mandat. Cependant, on peut
considérer que le représentant de commerce peut
fournir ses services à plusieurs maisons concurrentes
et s'établir à tout instant en résiliant le contrat de
mandat à sa guise, sauf l'observation de l'article 2007
pour son compte personnel.

Si l'on rapproche maintenant ces trois hypothèses
(courtage, commission, représentation de commerce)
de celles où la convention qui unit le préposant à
son préposé est, avant tout, un contrat de louage de
services, on peut dégager le criterium suivant, qui
permettra de résoudre les diverses difficultés auxquelles, quand il y a à la fois l'une et l'autre de ces
conventions, peut donner lieu la question de savoir
dans quelle mesure le préposé a aliéné sa liberté
commerciale en faveur de son préposant:

Lorsque le préposé ou mandataire n'est pas dans
une dépendance absolue à l'égard de son préposant, il
conserve le droit d'opérer pour un autre et de renoncer

au traité qui le lie à celui-ci. Si, au contraire, il
paraît être tenu par une subordination étroite envers
son préposant, il a alors abdiqué d'une façon plus
rigoureuse la liberté de commercer, et il ne peut ni
louer ses services à autrui, ni rompre le contrat sans
s'exposer à une action en dommages-intérêts. Il appar-
tiendra aux tribunaux de rechercher dans chaque
espèce quelle est la part prépondérante dans le traité
conclu entre un agent commercial et le commerçant
qui l'occupe, du contrat de louage ou, au contraire, de
celui de mandat.

CHAPITRE V

RESTRICTIONS RÉSULTANT DE CONTRATS AUTRES QUE LA VENTE,
LE LOUAGE, LA SOCIÉTÉ, LE MANDAT.

---

139. — Pour prévenir la concurrence que peuvent se faire des industriels exploitant un commerce similaire, des clauses interviennent quelquefois entre eux dans le but de restreindre le champ de leur activité. L'intérêt économique de ces conventions s'aperçoit notamment lorsque leur commerce est de telle nature que la concurrence y est nécessairement limitée ; par exemple, lorsque l'industrie exploitée exige un capital et un outillage si importants qu'il n'y a dans une région assez étendue place que pour deux ou trois maisons rivales. Dans ces conditions, il est évident que des stipulations particulières peuvent être conclues pour le plus grand bien de chacune d'elles, de façon à délimiter un périmètre dans lequel elles s'abstiendront de se concurrencer réciproquement, et un rayon où chacune aura ses débouchés exclusifs.

140. — Que faut-il penser de la validité de pareilles combinaisons ? Y a-t-il lieu de les annuler comme contraires au principe de la liberté commerciale ; doit-

on au contraire les déclarer obligatoires comme étant
en parfaite harmonie avec le principe proclamé par la
loi de 1884? La véritable liberté commerciale consiste
dans la possibilité de réaliser des ententes destinées
à aménager le marché économique au mieux des besoins de la production.

141. — La question est encore controversée. Un
arrêt de la Cour de Paris du 14 mai 1861 déclare
nulle comme étant sans cause la convention par laquelle un industriel s'engage à ne pas exercer son
industrie dans un lieu déterminé, lorsqu'il n'y a pas
obligation corrélative de faire ou de donner l'équivalent de ce qu'il reçoit.

Le fondement de cette décision ne paraît pas criti-
quable, s'il est admis en fait que cette compensation fait défaut. Il est en effet certain que la règle de
la liberté du commerce s'oppose à ce qu'un commerçant abdique sans équivalent la faculté d'exercer son
activité dans un périmètre donné.

142. — Mais nous croyons qu'on argumenterait à
tort d'une semblable solution pour annuler des clauses par lesquelles deux négociants s'engagent réciproquement à partager la région dans laquelle ils sont
établis, en deux zones où chacun d'eux se réservera
le droit exclusif d'exploiter son entreprise. On ne saurait objecter que les obligations qui naissent de ce
contrat doivent être mises à néant comme n'ayant
pas de cause juridique; en effet, l'abstention que
s'impose l'un des contractants de faire à l'autre con-

currence dans le périmètre réservé a pour cause et compensation l'interdiction correspondante de la part de son cocontractant.

C'est ce qu'a jugé un arrêt de la Cour de Montpellier du 16 mai 1892, réformant un jugement du Tribunal de commerce de la même ville, qui avait déclaré illégale une semblable convention.

Ce jugement, qui a la prétention de fonder une théorie à la fois juridique et économique, mérite de retenir notre attention; c'est pourquoi nous allons exposer et discuter les arguments par lui invoqués.

Tout d'abord, les juges consulaires constatent que la question de validité d'une clause restrictive de concurrence ne ferait pas de doute si cette clause avait été souscrite à l'occasion de la vente d'un fonds de commerce, ou de la cession d'une entreprise commerciale après dissolution d'une société, ou dans des rapports de patron à employé. Mais, affirme-t-il, en dehors de ces relations spéciales, un traité par lequel deux concurrents stipulent que l'un d'eux ne pourra pas vendre ses produits à des acheteurs de certains départements, constitue une violation évidente du principe de la liberté du commerce et de l'industrie.

143. — En fait, la convention était intervenue entre la Société frigorifique et des glaces pures Pagès & Cie, société en commandite dont le siège social est à Montpellier, et les sieurs Linde et Murat, pris en qualité, le premier, de propriétaire, le second, de directeur des glacières du Basacle, à Toulouse. Aux termes

des conventions litigieuses, Linde s'était interdit de
vendre dans les départements de l'Hérault, du Gard,
des Bouches-du-Rhône, de Vaucluse et de la Lozère,
des glaces provenant de la fabrication de l'usine de
Toulouse ou de toute autre à créer, et ce moyennant
le payement d'une somme de deux mille francs. Mais
au mépris de ces conventions, Linde avait expédié à
deux reprises différentes, à l'adresse d'un tiers à
Montpellier, 17,000 kilos de glace sortant des glacières du Basacle.

Le tribunal rappelle d'abord le principe de la liberté
commerciale; son application à la cause lui paraît devoir
faire débouter la Société frigorifique de sa demande
en dommages-intérêts. Il invoque après des considérations économiques pour justifier la thèse qu'il déclare
adopter. Sanctionner de pareils accords serait, dit-il,
créer au bénéfice de l'industriel un véritable monopole,
écarter toute entreprise susceptible de le concurrencer,
et soumettre par suite le consommateur à toutes ses
exigences et à tous ses caprices. Or, la liberté de l'industrie n'a pas été proclamée seulement dans l'intérêt
des agents de la production, mais aussi et surtout dans
l'intérêt des consommateurs. La prohibition contenue
dans la clause dont la validité faisait l'objet du procès,
aurait pour effet, si le tribunal la déclarait licite, de
contraindre le consommateur à s'adresser à la Société
demanderesse, et de l'empêcher, contre son gré et sa
volonté, d'employer les produits du défendeur. En
conséquence, le tribunal déclarait illicite et non obli-

gatoire la prohibition qu'on lui demandait de sanctionner.

Saisie en appel de la question, la Cour de Montpellier réforma le jugement entrepris pour ce motif
qu'en reconnaissance des avantages constitués par la
glacière de Toulouse, la Société frigorifique devait
payer à Linde une somme de 2,000 francs. Cette convention s'analyse par conséquent en une cession
partielle de clientèle avec interdition pour le cédant
de vendre dans les lieux déterminés où peut exister
cette clientèle. Un pareil traité emportant de plein
droit garantie, on ne comprendrait pas que les intimés
puissent conserver le droit de vendre leurs produits
dans les départements cédés. Remarquons en effet
qu'une cession de commerce peut être simplement partielle et ne porter que sur l'achalandage ou la clientèle
qui se trouve résider dans une région déterminée. Nous
adopterons, pour des raisons identiques, la solution
de la Cour de Montpellier, même dans les cas où une
telle convention ne pourrait se ramener à la cession
partielle d'un commerce ; dans les cas où deux concurrents délimitent respectivement, et sans qu'aucun
effectue une prestation pécuniaire, leur périmètre d'exploitation : ici l'opération peut se ramener à un échange
de la clientèle qu'ils possèdent dans le rayon désormais
interdit contre celle que le cocontractant avait déjà
dans le rayon qu'il se réserve à l'avenir.

144. — C'est en vain que l'on prétendrait avec les
premiers juges qu'un pareil accord constituera un

véritable monopole, de nature à écarter toute concurrence et à soumettre les consommateurs à tous les
caprices et exigences des contractants.

Si en fait un commerçant n'a pas de concurrent, il
peut fixer les prix de la manière la plus avantageuse
à ses intérêts, bien qu'ils soient oppressifs pour le
consommateur, sans que celui-ci puisse protester autrement qu'en cessant ou en restreignant sa consomma-
tion. Si, au contraire, il a à redouter la concurrence
d'un rival, peut-on annuler les conventions par lesquelles cet industriel se met à l'abri d'une concurrence
qu'il juge redoutable ? Il cherche à se placer dans la
situation qu'il occuperait s'il était seul à exercer son
commerce ; il s'impose pour cela des sacrifices ; pourquoi lui enlever le bénéfice de la position qu'il entend
s'assurer ? Il n'y a là rien d'immoral et d'illicite qui
puisse permettre à son cocontractant d'échapper à
l'engagement qu'il a librement consenti.

Il est encore plus évident que le monopole de fait,
dont parle le tribunal, n'existe qu'en apparence ;
il n'y aurait violation du principe de la liberté du
commerce que si les conventions particulières, au
lieu d'avoir des effets relatifs aux personnes qui les
ont souscrites, avaient des effets asbolus, c'est-à-dire
si elles pouvaient empêcher les tiers de s'établir en
concurrence avec le commerçant qui a cherché à
s'assurer la clientèle d'une région déterminée. Puisque cet accord ne pouvait avoir de telles conséquences, — personne n'a jamais prétendu et ne pouvait

prétendre le contraire,—un monopole ne pourrait en résulter.

145. — On argumente souvent du principe de la liberté du commerce, mais on détourne dans bien des circonstances la règle qu'il consacre de sa véritable acception. Ce principe signifie que nul ne peut être contraint par la volonté d'un tiers à ne pas s'adonner à l'entreprise mercantile qu'il lui plaît de choisir : il veut dire également que personne ne peut par voie de convention, s'interdire le droit de vivre de son travail, à moins de compensation.

Voit-on dans le litige qui a donné lieu au jugement du 19 octobre 1897 la violation d'un de ces principes fondamentaux ? La critique qui précède suffit à établir le contraire, puisque d'une part la convention litigieuse ne saurait avoir pour conséquence d'empêcher un tiers de créer une maison faisant concurrence aux contrac-tants, et que, d'autre part, c'est au contraire pour mieux aménager la possibilité de s'élever à la fortune par une meilleure organisation de leur marché indus-triel que le traité litigieux était intervenu entre par-ties.

146. — Si la loi de 1884 a été promulguée pour per-mettre aux commerçants coalisés de défendre par des ententes et même par des syndicats leurs intérêts pro-fessionels, n'est-il pas incontestable que ce qui est licite pour un groupe d'industriels l'est à plus forte raison pour des industriels isolés?

Entre la difficulté que nous venons d'examiner ici

et celle que nous avons résolue en traitant des syndicats professionnels, il y a un lien intime et apparent : la même idée qui justifie la validité des coalitions sert également à déclarer licites les conventions qui mettent en rapport dans un même but de défense économique, non point des commerçants syndiqués, mais seulement des individus étrangers à toute organisation corporative.

CHAPITRE VI

147. — Nous n'examinerons pas sous çette rubrique
toutes les solutions spéciales que les lois des Etats
étrangers ont données aux questions qui forment
l'objet de notre étude. Quel que soit le sentiment qui
inspire les différents législateurs sur les difficultés
économiques soulevées par la réglementation des restrictions conventionnelles à la liberté du travail, il est
en effet des principes communs à toutes les lois des
pays civilisés. Partout on admet que les contrats civils et surtout les contrats commerciaux devant s'interpréter de bonne foi, les conventions translatives
d'un fonds de commerce, soit par aliénation volontaire,
soit dans le cas d'aliénation forcée, emportent par elles-
mêmes garantie du cessionhaire. Ainsi, toutes les
législations admettent les restrictions à la liberté à la
suite du contrat de cession d'un fonds de commerce.

148. — Mais elles présentent en général des divergences sur les autres difficultés que nous avons exa-
minées ci-dessus. Elles réglementent notamment de
façon bien différente la liberté des coalitions ainsi que

celle des clauses par lesquelles d'anciens employés s'engagent à ne pas s'établir en concurrence au détriment de leur ancien patron, ou d'aller servir une maison rivale.

Ce sont les deux questions qui doivent dans ce chapitre attirer tout particulièrement notre attention.

149. — 1° *De la validité des coalitions industrielles.* — Les dispositions pénales des législations étrangères correspondant à notre article 419 ont été presque partout abrogées en Europe, et par conséquent sous l'empire des nouveaux principes qui ont prévalu dans les états européens, les ententes entre commerçants ou industriels destinées à la défense de leurs intérêts professionnels, ou à l'organisation du marché, sont en général valables à l'étranger. On en peut donner pour raison que jusqu'à ces derniers temps ces ententes étaient fort rares, et que d'ailleurs le développement de la grande industrie a décidé la plupart des législations à donner aux fabricants et aux producteurs une plus grande liberté d'allures.

Enumérons successivement les divers pays de l'Europe dont nous avons pu vérifier la législation, et indiquons dans chacun d'eux quelle est la solution donnée à la question qui nous occupe.

150. — *Belgique.* — En 1886, notre article 419 a été remplacé par l'article 311 du nouveau Code pénal belge, ainsi conçu : « Toutes personnes qui, par des moyens frauduleux quelconques, auront opéré la baisse ou la hausse des prix de denrées ou marchandises ou

des papiers ou effets publics seront punies d'un emprisonnement d'un mois à deux ans, et d'une amende de
300 à 10,000 francs. »

Cette rédaction laisse volontairement de côté les
réunions ou coalitions entre les principaux détenteurs
d'une même marchandise ou denrée. « L'abrogation
partielle de l'article 419, expliquait le rapporteur de la
loi, aura cet avantage de ne pas permettre que le commerce soit inquiété ; elle contiendra en outre cet utile
enseignement que la loi divorce avec des préjugés qui
ont trop souvent conduit à des actes coupables. La libre
concurrence détruit plus facilement les hausses factices
que toutes les dispositions de la loi. Qu'on punisse la
détention par un seul, c'est-à-dire l'accaparement simple,
ple, ou qu'on se borne à prohiber la coalition ayant
pour but de limiter la vente pour un prix élevé, l'on
chercherait en vain à justifier la peine ; la rattacher
au fait de la conservation des marchandises, serait
suivre les plus aveugles préjugés ; la faire dépendre du
concert des détenteurs serait s'attaquer à la faculté
d'association. »

151. — *Pays-Bas.* — Le Code pénal actuel des Pays-
Bas (1) garde le silence sur l'incrimination des coalitions. Ainsi se trouvent abrogés deux anciens édits
de Charles-Quint (1531 et 1540), qui avaient défendu
tout monopole ou coalition entre marchands et artisans.

(1) Du 2 mars 1880.

152. — *Allemagne*. — Le Code pénal prussien, qui est devenu, en 1871, celui de l'Allemagne tout entière, est muet au sujet des coalitions et accaparements. La révision partielle qu'il a subie en 1876 n'a pas jugé à propos d'édicter dans ce Code une prohibition contre les coalitions.

153. — *Autriche-Hongrie*. — Cette méthode est encore celle du nouveau Code pénal hongrois du 17 mai 1878, qui ne contient aucune disposition sur les coalitions. Il en est ainsi dans les législations autrichienne et suisse.

154. — *Italie*. — Le nouveau Code pénal italien de 1890 reprime dans deux dispositions particulières :

1° Toute spéculation qui éloigne l'offre et la raréfie pour accaparer la demande et rester seule maîtresse du marché. « Art. 293. » Quiconque, en répandant de fausses nouvelles ou par tous autres moyens frauduleux, produit sur un marché public ou dans les bourses de commerce une augmentation ou diminution sur le prix des salaires, -denrées, marchandises ou titres négociables sur un marché public ou admis aux négociations de bourse sera puni de trois à trente mois de réclusion et d'une amende de 500 à 3,000 livres.

2° Toute manœuvre ayant pour effet d'augmenter artificiellement au préjudice du public le prix des denrées de première nécessité : « Art. 326. » Quiconque, par fausses nouvelles ou autres moyens frauduleux, produit la disette ou le renchérissement des substances alimentaires, est puni de un à cinq ans de réclusion et d'une amende de 500 à 5,000 livres.

155.— *Angleterre.*— Les anciens statuts d'Édouard VI et Jacques Ier réprimant les coalitions furent abrogés sous Georges III en 1772, et leur abrogation fut comfirmée en 1844. Toutefois, il ne faudrait pas conclure que toutes les ententes entre négociants et industriels ayant pour but d'amener la hausse ou la baisse des prix ou d'abolir la concurrence ne puissent être annulées par les tribunaux. Il a été jugé en Angleterre que les conventions restrictives (qu'on appelle *Agreements in restraint of trade*) par lesquelles plusieurs industriels fixent le montant des salaires, les heures de travail, la suspension totale ou partielle du travail, la discipline et la direction de leurs établissements, par la décision de la majorité d'entre eux sont nulles comme contraires à la liberté individuelle. Il en est de même de la convention par laquelle ils s'interdisent de prendre à leur service un employé que l'un d'eux a renvoyé. (Pollock, *Principles of contract,* 5e édit., 1889, p. 337 et suivantes.) Il existe dans le droit commun anglais « Common Law » un délit particulier de conspiration contre le public « Conspiracy », à l'aide duquel on peut déclarer illégale toute restriction conventionnelle tendant à modifier la concurrence. Pour la jurisprudence anglaise, comme pour la nôtre, la question de validité des ententes entre commerçants est une question de pur fait : c'est ce qu'a décidé la Cour du Banc de la Reine, statuant sur une tentative d'accaparement commercial par un syndicat d'armateurs, dans les termes suivants : « S'il est démontré que le but véritable de telles ententes est, non la protection loyale de leurs membres, mais la destruction systématique de toute concurrence, il y a là une offense tombant sous le coup de la loi. »

Dans une autre circonstance, les tribunaux a: glais ont jugé qu'il n'y avait pas délit pour un syndicat d'armateurs d'accorder un rabais de 50 pour 100 sur le fret aux négociants qui consentent à se servir des navires du syndicat à l'exclusion de tous autres.

Ainsi, dans presque tous les pays européens, à l'exclusion de la France, de l'Italie et de l'Angleterre, les ententes de commerçants n'étant pas incriminées par la loi pénale, paraissent sans aucun doute être obligatoires en droit civil.

156. — *Amérique.* — Les Etats-Unis sont le pays classique des coalitions de producteurs qui s'appellent pools, trusts, etc... Les abus des grandes compagnies de chemin de fer dont le régime est celui de la libre concurrence, amenèrent de vives protestations pour obtenir le vote d'une loi devant protéger le public contre les exactions de ces compagnies. Les syndicats de chemins de fer imposaient, en effet, au commerce des tarifs énormes, variant suivant les localités et les clients, avantageant les puissants et opprimant les faibles : aussi, le législateur américain sollicité d'entrer dans la voie de la protection du commerce opprimé par les coalitions des compagnies de chemins de fer promulgua-t-il, sous le nom d' « Instertate commerce Act », une loi datée du 4 février 1887, aux

termes de laquelle défense est faite aux compagnies
de chemins de fer d'appliquer des tarifs soit exagérés
et déraisonnables, soit différentiels, faisant exception
de personnes, de localités, de provenance, par des
distinctions injustes et instituant une commission de
contrôle (Interstate commerce, commission), dont le
rôle est de tenir la main à l'observation de la loi et de
servir d'arbitre entre le public et les compagnies.

Cette loi particulière fut suivie d'une loi plus générale dirigée contre les coalitions industrielles (Interstate commerce bill), mais cette loi ne s'appliquait
qu'aux corporations ayant des intérêts dans les divers
états de l'Union américaine ; elle ne pouvait s'appliquer
à celles qui se constituaient dans chacun des Etats
particuliers, et qui ne rayonnaient pas au delà des
frontières de ces Etats. Mais l'impulsion était donnée,
et les législations particulières, à l'exemple des législations générales, sévirent à leur tour contre les
coalitions. Il est inutile d'entrer dans l'examen des
différentes lois des Etats de l'Union américaine
(Missouri, Texas, Michigan, Minnesota, Louisiane,
etc). Contentons-nous de dire qu'aux termes de la loi
fédérale du 10 juillet 1890, est déclaré illégal tout
arrangement, accord ou trust ayant pour but de
détruire la concurrence, faire monter les prix, entraver
la production et le commerce, et créer des monopoles
de fait. Tout individu lésé par un trust peut actionner
cette compagnie en dommages-intérêts, ainsi que
chacun de ses membres rendu personnellement res-

ponsable, pour obtenir la restitution au triple de la perte subie (art. 1er et 7 de la loi du 2 juillet 1890).

157. — *Canada*. — Par une loi du 2 mai 1889, le Parlement canadien punit tout membre d'une coalition, de quelque nature que ce soit, d'une amende de 200 à 4000 piastres, et d'un emprisonnement de deux ans au maximum. Si la coalition est le fait de sociétés commerciales, elles sont passibles d'une amende de 1,000 à 10,000 piastres.

Les articles 516 à 526 du Code pénal canadien de 1892 (*Annuaire de législation étrangère* de 1893) punissent les violations de contrat et les infractions se rattachant au commerce.

158. — *2° Restrictions résultant du contrat de société.* —Les articles 112 et 113 des Codes de commerce italien et roumain, 74 et 75 du Code hongrois, 136 et 138 du Code espagnol, 157 du Code portugais, prévoient l'interdiction pour un associé de se livrer à un commerce similaire à celui de la société dont il est membre. Ces diverses législations autorisent la société à prendre pour son compte l'affaire que l'un des associés avait faite pour lui. Les autres sanctions sont l'exclusion de la société et la condamnation à des dommages-intérêts.

159. — *3° Restrictions résultant du contrat de louage.* — Comme la jurisprudence française, les jurisprudences suisse, anglaise et italienne décident que les clauses par lesquelles un employé s'engage à ne pas travailler chez un nouveau patron ou à ne

pas s'établir en concurrence avec l'ancien, à l'expiration du contrat de louage, s'apprécient en fait, selon l'importance et l'étendue de la restriction imposée par la clause à la liberté de l'ouvrier.

160. — Seul, le nouveau Code de ommerce de l'Empire allemand règle législativement cette difficulté.

L'article 74 dispose que « le pacte entre patron et commis, en vertu duquel celui-ci limite son activité économique pour le moment où aura cessé le rapport de dépendance, est obligatoire pour le commis, seulement en tant que la limitation n'outrepasse pas les bornes quant au temps, au lieu, à l'objet au delà desquels on rendrait la vie de l'employé difficile et intolérable.

» La limitation à l'activité du commis ne peut s'étendre au delà de trois années du moment où a cessé le rapport de dépendance.

» Si l'employé est mineur au moment où le pacte est stipulé, ce pacte est nul. »

Et l'article 75 ajoute : « Si le patron, par des actes contraires au contrat, donne motif au commis de se délier du contrat, conformément aux dispositions des articles 70 et 71, il ne peut faire valoir les droits basés sur un pacte de l'espèce indiquée à l'article 74. »

Ainsi, le Code de commerce allemand du 10 mai 1897 adopte un système ecclectique ; il valide les restrictions relatives au temps, au lieu et à l'objet, lorsque les juges auront constaté qu'elles ne rendent pas

impossible la vie des employés, mais il défend de
stipuler de pareilles clauses pour une durée supérieure
à trois ans. Il stipule de plus, avec raison, que le ren-
voi sans motifs sérieux de l'employé le délie de son
obligation et fait tomber la restriction qui lui avait
été imposée.

CONCLUSION

161. — L'étude des questions précédemment exa-
minées montre que si le principe de la liberté du travail ne peut pas toujours s'imposer d'une façon absolue,
il est très difficile en pratique de déterminer les limites
exactes dans lesquelles doivent être circonscrites les
restrictions conventionnelles qu'il subit.

162. — Deux idées contradictoires également dignes
de respect sollicitent l'interprète en sens contraire et
rendent hésitantes ses solutions. Il semble bien, de
prime abord, que le droit de travailler, d'employer sans
contrainte son activité, soit de toutes les facultés hu-
maines la plus inviolable et la plus sacrée ; la liberté
du travail, essentielle à l'individu est indispensable au
corps social, qui serait mortellement atteint s'il laissait
s'énerver les initiatives. A ce double titre, l'ordre public paraît intéressé à proscrire les accords par lesquels les particuliers renoncent même partiellement à
l'exercice du droit primordial de s'industrier à leur
guise.

163. — Mais cette proposition, dont personne depuis
1789 ne discute la vérité, ne saurait être acceptée
dans des termes aussi généraux. Des tempéraments

lui sont nécessaires, parce qu'il est un moment où, la liberté de chacun se heurtant à la liberté d'autrui, il faut par la force même des choses indiquer les frontières des activités respectives. S'il importe de supprimer les obstacles qui pourraient entraver le développement des énergies individuelles, il n'est pas moins nécessaire de veiller à ce que l'épanouissement de ces énergies n'étouffe point les efforts parallèles.

164. — Abstraction faite des limites légales que peut recevoir la liberté du travail dans un intérêt supérieur, il est un premier principe sur l'admission duquel les controverses se taisent. C'est que le droit de travailler n'implique pas celui d'arriver par tous les moyens à la fortune, ne confère à personne la faculté d'abolir par des manœuvres déloyales ou des procédés illicites une concurrence gênante.

165. — Mais si l'accord est unanime pour la répression de la concurrence déloyale, les divergences se manifestent en jurisprudence et en doctrine dès qu'il s'agit de décider si des conventions particulières peuvent valablement intervenir afin de prohiber ou de réglementer une concurrence licite.

166. — Nous avons vu, sur ce point particulier qui fait l'objet de notre thèse, qu'aucune idée directrice ne paraît inspirer les auteurs et les arrêts. Presque tous, visiblement soucieux d'éviter les discussions de principe, émettent les solutions d'espèce, et se bornent à rechercher, d'après les circonstances, les décisions les meilleures en équité.

167. — Cette méthode empirique nous paraît s'imposer pour l'appréciation de la validité des clauses qui sont destinées dans les contrats de cession de fonds de commerce à préciser l'obligation de garantie qui incombe naturellement au vendeur.

168. — Le système suivi par nos tribunaux pour les ventes de fonds de commerce nous paraît également irréprochable quand ils l'étendent aux contrats de société, de louage de choses et de mandat.

Dans ces diverses hypothèses, aucun principe supérieur ne réclame de solution jurisprudentielle bien tranchée : c'est avant tout, pour chaque espèce, question d'équité, de circonstances et de souveraine appréciation.

Dans ces cas, le conflit de la liberté du travail avec la foi due aux conventions est trop certain pour que le juge puisse sans tâtonnements arriver à les concilier.

169. — Mais, dans les autres cas que nous avons examinés, il nous paraît, contrairement à l'opinion de la jurisprudence, que l'opposition des deux principes n'est qu'apparente.

En ce qui concerne les ententes qui interviennent entre industriels, la loi de 1884 a, d'après nous, très nettement déterminé le domaine de la validité des restrictions conventionnelles à la liberté de travail. Réserve faite pour l'application de l'art. 419 du Code pénal, les coalitions qui ne tombent pas sous le coup de ce texte devraient être désormais licites, pourvu que chacun restât libre d'exercer le commerce que bon lui semble. Si la coalition rend, en fait, les chances de concurrence inégales, elle n'attente en rien au droit de commercer.

170. — Il n'en n'est pas de même des conventions par lesquelles un employé qui engage ses services s'interdit de s'établir pour son compte ou d'entrer chez un concurrent de son patron, quand finira son contrat.

En décidant le contraire, la jurisprudence s'inspire d'une fausse analogie de principe qui existerait entre le louage d'industrie et la vente d'un fonds de commerce. Dans ce dernier cas, si le cédant abdique sa liberté dans une certaine mesure, il reçoit en retour une compensation pécuniaire. Dans le premier, le salaire de l'employé est généralement la stricte représentation de ses services effectifs, en sorte que la clause d'interdiction qu'il accepte est plutôt subie par lui que réellement consentie.

Pourtant les tribunaux donnent effet à ces conventions plus oppressives de la liberté du commerce que les ententes entre industriels qu'ils annulent ordinairement.

171. — A ce double point de vue, l'exemple des législations étrangères paraît fournir cependant d'utiles indications.

Le nouveau Code de commerce allemand, bien qu'il ne réagisse qu'avec timidité contre la solution de notre jurisprudence, contient une décision qui montre l'hésitation de ses auteurs à consacrer les restrictions : la limitation à trois ans de la force obligatoire d'une clause par laquelle un employé s'interdit de s'établir après la rupture du contrat qui le lie à son patron.

D'un autre côté, la plupart des pays de l'Europe qui sont entrés dans la voie de la codification ont fait disparaître les dipositions correspondantes à l'article 419 de notre Code pénal, pour que la validité civile des coalitions d'industriels ne pût faire ainsi aucun doute.

Peut-être sont-ils allés trop loin dans cette voie; peut-être eussent-ils mieux fait d'imiter la réserve du législateur français, qui a conservé contre les coalitions l'arme émoussée, mais utile, de l'article 419.

Il ne faut pas oublier, en effet, que la question de leur validité met en jeu deux intérêts bien distincts : celui de la liberté du commerce et celui de la protection du consommateur, et qu'un système législatif n'est sage qu'à la condition de les respecter tous les deux.

172. — Ainsi, dans leur ensemble, les lois françaises nous paraîtraient résoudre le plus heureusement possible le problème des restrictions conventionnelles à la liberté du commerce, si notre jurisprudence nationale n'en méconnaissait la portée. C'est pourquoi nous ne réclamons en terminant aucune réforme législative, les lois actuelles pouvant suffire à tous les besoins; mais nous souhaitons, de la part de notre jurisprudence, une analyse plus exacte des faits sociaux qui expliquent ces lois, et une appréciation plus stricte de leur véritable esprit.

TABLE DES MATIÈRES

Vu : Le Président de la thèse,

JULES VALERY.

Vu : Le Doyen de la Faculté de Droit,
Montpellier, le 13 mars 1900.

VIGIÉ.

Vu et permis d'imprimer :
Montpellier, le 13 mars 1900.
Pour le Recteur,
Le Vice-Président du Conseil de l'Université,

FERDINAND CASTETS.

www.ingramcontent.com/pod-product-compliance
Ingram Content Group UK Ltd.
Pitfield, Milton Keynes, MK11 3LW, UK
UKHW021519090726
13657UKWH00001B/332